蔡康永的說話之道

✦500萬冊紀念版✦

文：蔡康永
圖：酚酞瓜

康永序：說話幹嘛要「之道」啦？

把說話練好，是最划算的事。

有人天天上健身房，練出漂亮肌肉，可惜課堂報告或公司開會，未必能讓你脫衣展示成果。有人唱歌非常好聽，可惜想向男友道歉，或想提醒老闆加薪時，用唱的會顯得你很古怪，說不定加薪不成、反遭遣散。

就算你費很大功夫，把鼻兒整得高挺、唇兒整得豐潤，你一旦站上講台去演講，也沒辦法靠挺鼻豐唇來贏得滿堂的掌聲。就算你家財萬貫、富

豪榜排得進前五十名，一旦遇到女兒向你哭訴失戀之苦時，你也沒辦法靠錢解決、塞錢給她，叫她買殺手把負心男給殺了。

所有這些事情：報告、開會、道歉、要求加薪、演講、傾聽訴苦，都只跟一件事情有關，就是：你會不會說話，你有沒有能力去想像，聽你講話的人是什麼心情，想聽到什麼。

而且，最讓人高興的是，練習說話很方便，比練肌肉、練唱歌、去整型、去賺大錢，都要省事得多。你根本不用專門去上課，或者找醫生，因爲你每天都得說話，就像金庸小說《天龍八部》裡的段譽，最愛練的武功是「凌波微步」，既不必舉重、也不必揍人，只要一直練走路就好了，反正本來就每天都得走路，就走路走他個爐火純青，結果段譽就靠著這凌波微步，消災解厄，躲過了無數次大劫，還把到了大美女。

很多說話書，教的是說話的「技術」，當然技術也無比重要，但，我不是一個只看重「術」的人。我喜歡研究說話這件事，是因爲我覺得透過研究說話，你會比較根本的搞清楚自己和別人的關係，搞清楚自己在想什麼、別人在想什麼，以及，最有趣的，搞清楚自己到底是一個什麼樣的人。

每天我們說那麼多話，其中到底有幾句話是我們說完之後，會自己找個空檔，把那幾句話放在心頭、玩味一番的？「我爲什麼說出這句話？」「我爲什麼會用這個態度說？」如果沒事就想想這樣的事，就會發現，我們心裡其實藏了很多我們自己都沒搞清楚的東西，這些東西藏在我們的話裡、從我們的嘴巴說出去了，變成別人評價我們的依據。如果我們稍加玩味我們的說話內容和說話方式，會比較懂得別人是怎麼形成對我們的印象、怎樣定位我們在他們人生中該放的位置。

如果我們練習，把我們相信的事，和我們說的話，盡量變成一體，那我們比較可能因爲說話謹慎，而成爲一個謹慎的人；或者因爲注意說話的品味，而成爲有品味的人；或者，因爲訓練自己好好傾聽，而終於變成一個善於站在別人的立場想事情的人。

這些，就是我在意「說話之道」的原因，弄懂說話之道，比只是練習說話之術更重要。

鄉間老農一句話，常常比廟堂之上大人物一小時的演講動人，因爲老農那一句話裡面的「生命含量」很高，能夠打動我們。而大人物縱使言詞巧妙，大部分是別有居心，只想攏絡人。

這本書還是談了不少「說話之術」，但我相信你很容易就可以掌握到比「術」更內在，也更高層的東西。我相信的，是先對人和人之間的溝通認眞看待，然後得到比較多對人對己的了解，然後比較靠近幸福。

透過說話，懂得把別人放在心上，這就是我相信的，蔡康永的說話之道。

CONTENTS

又是新的一天了，
朕要上朝了！
把朕的手機拿來。
這件事朕不同意。
這個人朕要封鎖！
今天處理了好多事啊，
朕也累了，退朝吧……
BOSS
正好，報告今天的
工作進度。
咦？這個？
那個……

一整天
都在摸魚，
什麼也沒做。

01 康永說：

再會辯論，也不必輕易評價別人

我所從事的工作很奇妙。身爲一個主持人，如果不評價事情，就無法發問。聽到來賓發表了一個論點，我就會想問，這樣對嗎？這個有意思嗎？我會問對方，你怎麼會這樣想？

這是我的工作。

在日常生活當中，如果我對於跟自己無關的事情這麼沒完沒了地下評斷，我會累死。

我看到絕大部分人在網絡上生活的方式，就是這樣的。

「點讚」這個設計，本身就是邀請你對與你無關的事情進行評價。就像有人一直邀請你判案子，卻沒有人在乎你判斷的結果是什麼。你一個人，幻想自己是法官一般地審判各種案子，一直宣判下去，哪怕根本沒有人理你。你一天大概要宣判近百件案子——現在一個人每天在網絡上滑手機看到的別人的動態起碼近百則，如果你對每件事情都要表示一下態度，在心中暗自評價一番，一天的時間也就這樣過去了。

你沒有處理你自己，你在處理跟你無關的人。

如果我們養成「動不動就評價別人」的壞習慣，就很容易錯過最重要的事情——評價自己。你的心力本來可以用在自己身上的，我們卻把它揮霍在一個跟我們毫不相干的人身上，多麼可惜。

你最近奶茶喝多了吧？
怎麼胖了這麼多？
你的頭髮顏色好奇怪，我不喜歡。
你不喜歡我？我也不喜歡你！不喜歡我的人多了，你算哪根蔥？
不必抗拒讚賞，也不用放在心上，遇到詆毀最好無動於衷，對各式評價一視同仁，如果厭倦就放棄。

02 康永說：

恰如其分地處理別人的評價

別人的評價是和我無關的事情，不要妄想改變它。

以前聽人講，他不在乎別人的評價，會覺得這個人硬充好漢、硬吞苦水，但現在，我覺得「恰如其分地感受情緒」絕對是最值得的訓練。

被人家罵了，不可能會毫無怨氣或者毫不痛苦。我被人家罵的時候，還是會恰當地感受到一些沮喪或憤怒。我當然會感受到，可是不會無限地放大它。

我有一些朋友，會因爲一些很糟糕的評價難過一兩天，而我希望我可以讓這個不愉快的情緒困擾我十分鐘或者半小時。這個不愉快的情緒是一定要有的，不能說別人罵我們，我們一點感覺都沒有，那樣久了一定出事的。

對於糟糕的評價，我不排斥。

如果他罵得有道理，我會咬著牙接受，反思自己怎麼做得這麼不好。如果很多人都罵我，我要知道改進，這是讓我知道改進的最有效率的方法。

就好比我每次寫書，都要修改很多遍。修改過程中，有時只是塞幾個字進去，句子就變得通順很多。比如說，我不愛用「總而言之」這四個字，基於不明原因，我也很少用「並且」。

等到文章寫完，有些地方總覺得生硬，隨手加了幾個「而且」「並且」「總而言之」進去，語句立刻通順了很多，我覺得很差勁，寫了這麼多年書，一個句子還要改寫到第三遍才知道怎麼讓它通順。

所以，如果有人罵我句子不通，我就會看一下是不是眞的不通，因爲這確實是我常出現的弱點。

如果別人的謾罵沒有道理，我理所當然會覺得不愉快。可是因爲能想像別人的處境，我會知道，這是別人受到他自身情緒影響的結果，他當時正處於想罵人的心情，所以他罵人了，而被罵的人，剛好就是我。我有盡到我的功用——被人家罵一下，讓他的情緒有一個去處，那個情緒抵達到我這裡，並且被我收到。

至於它對我有沒有影響？影響到什麼程度？我得自己決定。

產品明天要上線，今天又要改需求，壓力好大!!!
很多細節我也不太懂，為了帶新人還要從頭再講一遍，壓力好大!!!
技術更新得太快了，下班以後還得自學，壓力好大啊啊啊!!
接下來有請年度優秀員工介紹工作經驗……
因為一直壓力好大，所以……
咦？

03

康永說：

一想到要和別人溝通，就覺得壓力山大，怎麼辦？

我爲什麼喜歡和小S合作？就是因爲當感覺到「今天的主持不夠厲害」的時候，我們都有那種「和它拚了」的決心。只是我們「拚了」的點不大一樣，S可能會「拚了」，然後去做一件出格的事，我可能會「拚了」，然後開始設計一串有陷阱的問題。

「拚了」是已經被逼到角落的絕地反擊，我們知道已經錄製的內容不夠精采，我們要更精采。那種求生的壓力，讓我們覺得非拚不可。

所以就節目內容來說，如果你的來賓剛好也是一個主持人時，通常可以比較放鬆，因爲主持人即使身爲來賓，依然會本能地對「沉悶的內容」感到很大的壓力，他會覺得自己沒有盡到來賓的責任，然後力圖振作。

我躲在家裡面寫書的時候，常常會跑出去逛書店。寫作者應該去看看市面上已經出現了多少和你想寫的東西「撞衫」的書，如果發現別人比你寫得好，你該考慮放棄這個題目，去找別的方向；如果發現別人寫了相同的題目，可是幸好比不上你構思的寫法，那麼你就可以慶幸到偷笑，然後用你覺得好的方式把書寫出來。

這都是壓力。

如果一個作者沒有壓力，對不起看書的人。

恰如其分地感受壓力，千萬別祈求沒有壓力。

也不全是因為這個人的
小魚乾最好吃哦。

04

康永說：聊天，可以碰撞出新的角度

我判斷，那些被認爲是「治療別人的人」，當然也從別人身上得到很多東西，他沒講而已。

一個新興宗教的教主出來，接受大家歡呼，問大家好，好像治癒了很多人，可是那些信徒對他的崇拜和熱愛，也很大程度上餵養或是治癒那個教主本人。

我才不信有那種教主，一直用氣功幫你治療，最後氣功用盡他自己就七孔流血死掉。如果有這種教主，他創的教當然一個禮拜就完蛋；但如果治癒者把人治好之後，他從被治療的人的身上也得到了很大的能量，這種相互關係才可能持續。

如果別人誤會我是一個治療別人的人，當然是大家搞錯了。我跟別人聊天的時候也得到莫大的樂趣，如果沒有得到莫大的樂趣，沒辦法一直當主持人的。當個主持人，老是覺得在伺候來賓，老是覺得很委屈，這種主持人能做得好嗎？

沒辦法的。我每次主持完節目都興高采烈，因爲知道了很多事情，是本來在自己的生活裡無從知道的，我覺得根本賺到了，這是一種互相的治癒。

我喜歡看書，並不是因爲看書是什麼高級的事，而是因爲能寫出好書的人都是非常聰明的人，幾乎是歷史上各方面最聰明也最嚮往分享的人，才會去寫書。你在看書的時候，完全不用跟那個人打交道，卻把他最聰明的部分都拿到手，變成一個能夠推演出很多角度去看事情的人。當別人跟你接觸的時候，你就能夠提供很多觀點，也就是一個所謂能夠啓發人心的、豐富的人。

看節目也是一樣，你看一個辯論節目，裡面就同一件事情提供了大概近十種角度，其中有七或八種是你沒有想過的。習慣了這樣看待事理，以後別人跟你接觸的時候，就會發現你總能跳脫現狀，不輕易被困住。

多幾個角度，就多幾個治療的可能。

打算永遠從同一個角度射擊，很多獵物都會射不中，事物不可能遷就我們那個唯一的、僵硬不變的角度，而要靠我們竭盡所能去找到適合萬事萬物的角度。

人跟人聊天，應該都不會懷抱著很崇高的使命感，跟你聊天是打算要治療你，那叫門診，不叫聊天。你跟朋友在一起鬼扯一小時，他不會跟你鞠躬說謝謝你今天對我的啓發，只會覺得心裡好過多了。回去之後，他會察覺，自己跟別人在一起只是喝酒打麻將，跟你在一起，好像心裡舒服很多，他就會有意願跟你做朋友。倒過來想，你是不是也覺得從他身上得到有趣的東西？如果有的話，你們倆就會變成朋友。

沒有關係是建立在單方向的治療上的，只要你能提供對方並不具備的角度，你就也可能啓發對方。

那個×××說你最近進步非常大哦！
你最近的打扮超好看！連××都這樣說！
我好棒——我好可愛——！
×××那樣說嗎？
我也不知道啊。

雙馬尾？

05 康永說：

已經很討人喜歡的你，在未來會更討人喜歡

「我那天碰到阿男，他說他覺得你人好好！又漂亮！」一起唱歌的一個禮拜之後，阿昆這樣告訴坐他旁邊的安珮。

呃……阿男眞的有這樣說嗎？天曉得！但誰在乎呢，只要阿男是個還算會做人的人，就算他根本沒說過這話，他下次碰到安珮，聽安珮這樣提起，他也不會否認的。

不會否認，是因爲這句轉告的話，讓安珮和阿男和阿昆三個人的關係

都更好啊！每個人都開心，沒有人受傷害。（……除非……安珮因此愛上阿男，可是阿男根本就有女友，後來安珮就很傷心……）

我自己是不會故意去無中生有的捏造這類的讚美，但如果眞的有聽說，就算是轉個三四手的讚美，我也一定樂於轉達的。因爲這樣做一定會讓聽的人很高興，氣氛會很好，而且轉述第三方的讚美，比你自己一味說一些空洞的讚美，要可信得多了。

我的主持工作，使我一定會遇到很多我不熟的人。我如果遇到台語長壽連續劇的老婆婆女主角，硬要說我是她的粉絲，她聽了也不會信，說不定老婆婆還覺得我很虛僞。但我如果是用轉述別人讚美的方式，說：住我們大樓有一位阿公，覺得她是整齣戲裡最有氣質的一個女生，那老婆婆女主角才聽得進去吧。

至於事實上那位阿公有這樣說嗎？他可能只是說：「那個阿婆到這個年紀還露乳溝，眞是有氣魄啊！」

說穿了，我的建議，只是希望讓本來就已經很討人喜歡的你，在未來會更討人喜歡而已。

但如果你想練成的說話方式，是想讓別人怕你、討厭你的話，那就請你趕快放下這本書，把本來要買這本書的錢，拿去買武士刀或者買隻臭鼬當寵物比較快喔。

我喜歡吃炸雞！
我喜歡喝奶茶！
所以我是一個
需要減肥的人。
砸壞吧！

06

康永說：你說什麼樣的話，你就是什麼樣的人

「你把球鞋丟在這裡，是想害我摔死啊!!」安珮對阿昆大吼，這是他們同居的第三年。

絆到球鞋，真的會摔死嗎？

不無可能哦。在樓梯轉角絆到球鞋，然後從第十樓一路順利的翻滾到一樓，的確可能會死掉，所以這話也未必太誇張。

但安珮絆到阿昆脫下的球鞋，當然一定也有別的話可以說。

安珮可以推理：「你球鞋怎麼脫在這裡？你昨天晚上一定又喝醉了！」

安珮可以怨嘆：「你不是講好不買這雙球鞋的嗎？這雙球鞋的錢，夠我買一個微波爐耶！」

安珮也可以撒嬌：「怎麼辦！被你的球鞋絆到了啦！痛痛捏……」

安珮會說什麼樣的話，決定於她要在阿昆的眼中，扮演什麼樣的人。她要扮的是歐巴桑，她就會說出歐巴桑愛說的話；她要扮未婚妻，就會說出未婚妻該說的話；她要扮美眉，就會說美眉的話。

很多人以爲：你說什麼樣的話，透露出你是什麼樣的人。

但我覺得不只如此。我覺得：你說什麼樣的話，你就是什麼樣的人。

「You are what you say.」

你老是覺得你是可憐蟲，別人都在欺負你，你確實就會常常說出可憐蟲心態的話。但不只如此，反過來也一樣：你每句話都說可憐蟲才會說的話，說久了，你就會是可憐蟲。

當安珮大吼說：「你想害我摔死啊！」那時，阿昆一定會覺得這瘋婆子有被害妄想症。（相信我，就算我這種在殺人界完全是生手的人，也不會想靠亂丟球鞋這麼沒效率的招數去殺人的。）

從此，阿昆心中的安珮，就多了一張小小的便利貼，上面寫著：「被害妄想者」。下次他們再吵架時，「被迫害」就會變成阿昆抱怨安珮的一個依據，阿昆會說：「你每次都以為我會對不起你，你這麼愛冤枉我，乾脆我真的出去跟別人亂搞算了！」

是啊，安珮說的話，不但是「果」，透露出安珮怎麼看事情，還會倒過來變成「因」，倒過來「引導」安珮去看事情，然後再「引導」安珮身邊重要的人這樣去看安珮。

你嘴上愛抱怨，你就成爲「怨女」。你嘴上愛耍賤，你就成爲「賤嘴」。你老是說色情笑話，你就成爲色瞇瞇怪叔叔……雖然，我們都知道你骨子裡可能並不是這樣的人。

你眞的想變成給別人溫暖的小太陽嗎？那你就從說話開始，訂出一些簡單的，你眞的做得到的事，例如：規定自己每週三中午一定發出一通簡訊，問候一位在你通訊錄上的朋友，而且在對方回你簡訊之後，一定再回覆一則給對方加油的簡訊。

（「那萬一對方跟我借錢怎麼辦？」「那……還是要叫他加油啊！」）

唉⋯⋯
如果我有明星那麼帥氣就好了⋯⋯
不會呀——
我覺得你現在這樣就很好呀，我每次和你聊天都非常開心！
⋯⋯
她是什麼意思？
是我想的那個意思嗎？

07 康永說：

外表好不好看，絕對不是人生的決勝點

外表好不好看，絕對不是人生的決勝點。

討不討人喜歡，還比較更重要一點。

這件事，用常識判斷就知道了：和你住同一間房子的室友，或者，坐你隔壁辦公桌的同事，就算長得很美，你也不見得心情會很好，但要是她很討人厭，你卻一定心情不好；如果你的室友或同事，長得不美，但很好相處，很討人喜歡，那你的心情就很容易很好。大概只有做大明星的人，

比較適合非常美但是非常討人厭。如果沒打算做大明星的話，那麼會因為你的美麗而感到人生滿足的人，其實很有限。反而是你的討人喜歡，可以造福身邊很多人。

「我約好了大家禮拜六一起去吃日本料理喔！」安珮的朋友興高采烈的打電話來約。

「啊，可是我不吃日本料理耶！」安珮如果直接這樣回答，對電話那頭的人來說，當然很為難。

安珮這樣講話，當然是把她自己一個人的喜惡，放在「最重要」的位置。如果不是為安珮慶生的話，我想參加聚會的另外八個人，其實沒必要在乎安珮大小姐吃不吃日本料理。

安珮直接給這種回答，很像「咻」一聲把大刀拔出了刀鞘，她要不就是逼迫對方為她改訂別的餐廳，而且一一去通知別人，要不她就是逼對方說：「這樣啊？那安珮你這次就先不要來參加好了。」

少給別人找麻煩的方法，就是把麻煩在自己手上就解決掉。安珮不必勉強自己吃日本料理，她只需要回答：

「喔，那我會吃飽再去餐廳跟你們會合，因爲我不吃日本料理。」

或者，「我來幫大家訂另外一家新開的泰國菜好不好？因爲我不習慣吃日本料理。」

安珮如果會把話改成用這個順序講，她會討人喜歡得多，別人下次也才有興趣再打電話約她聚會。可是，要怎樣才會知道講話的順序，應該哪句先、哪句後呢？以這次的電話邀約來說，其實需要把握的態度，只有很簡單的一個，就是：別人並不是爲了伺候你而存在的。

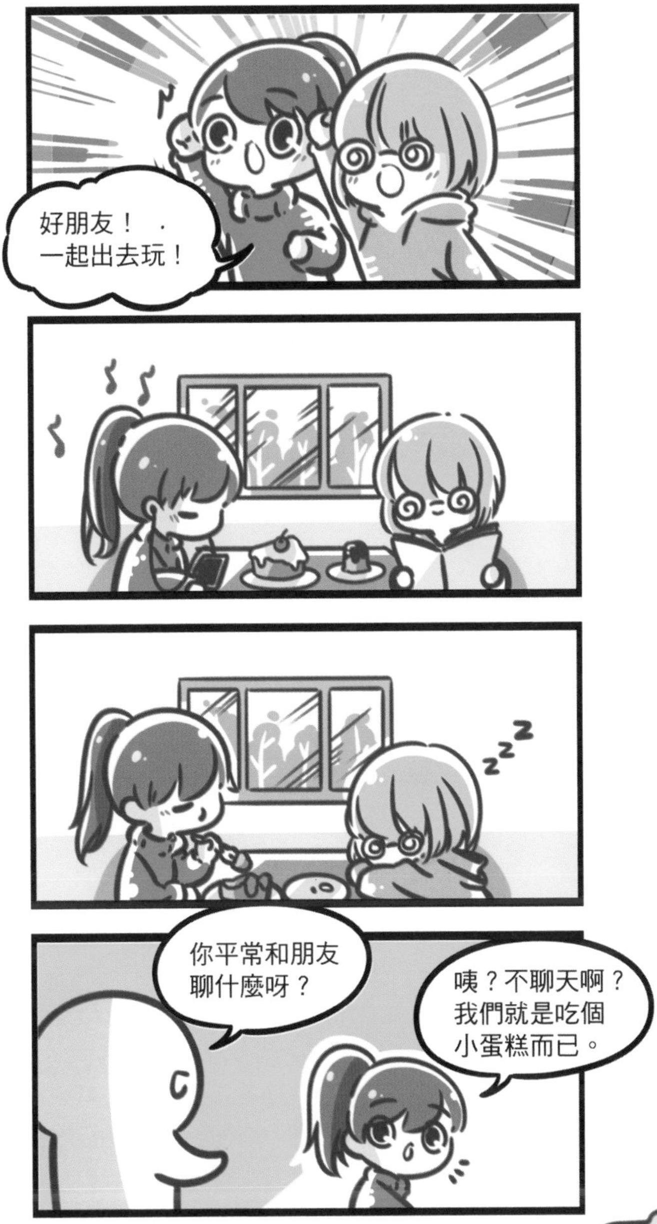
好朋友！
一起出去玩！
你平常和朋友聊什麼呀？
咦？不聊天啊？我們就是吃個小蛋糕而已。

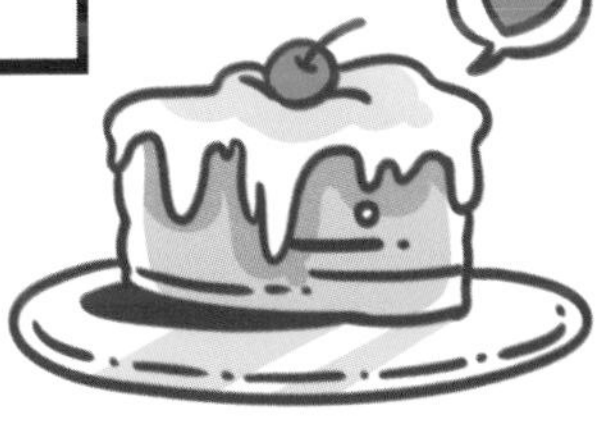

小蛋糕帶來的穩固感情！

08

康永說：沉默沒問題的，沉默很正常的

阿昆念中學時，常和同學兩三個人窩在房間裡，聽音樂、翻雜誌、幾個鐘頭講不到幾句完整的話，但覺得很悠閒，很放鬆。

阿昆有時很懷念這種感覺，「爲什麼畢業以後，就很少這樣了呢？」

我來回答好了：因爲「大人」聚在一起的時候，很少有在好好的「聽音樂」了。

我不是在鬼扯，我眞的覺得這是致命的關鍵。我不知道「大人」們是怎麼回事，但是我觀察「大人」很久了。除了娛樂圈的大人之外，其他的大人真的很少好好聽音樂。他們也許會自己一個人的時候，用很隆重的音響聽爵士樂或古典樂。但和家人朋友相聚時，大人很少隨興的放些好聽的音樂來聽。更慘的是：大人還常常在親友聚會時，把電視機打開，然後大家就被電視節目控制著。電視上的人罵政治，大家就跟著罵兩句；電視上的人說笑話，大家就跟著笑兩聲。

不是不可以，但我真心勸大家不要常常這樣。

聽音樂可以讓你的耳朵和心休息，可以很隨意就形成美好的氣氛，這是靠電視或靠嘴巴講話都很難做到的。

再親近的朋友、再親近的家人，都不可能每分鐘都沒完沒了的一直講話。不講話時，當然就會有一陣子沉默了。

沉默沒問題的，沉默很正常的，（當然，我們做電視節目是比較不方便沉默啦，總不好意思讓觀眾一直瞪著電視，看我們到底是要什麼時候才開口講話……）但聚會時，沉默好像會帶來壓力，逼得人要開口說些什麼。這時候，如果空氣中本來就瀰漫著音樂，你就會發現沉默沒那麼可怕。

但是如果剛好沒音響可聽，也不要依賴電視來塡補沉默的空白，（除非剛好某人被暗殺，或者三百年才看到一次的日全蝕這類的事正在發生……）電視啊，就好像一個自以爲很了不起、喋喋不休、很愛大聲說話的人，靠這樣一個人來打發時間或者消除寂寞，倒是很不錯。但是家人晚餐或好友相聚時，有這麼一個人在場是很打擾的，電視對「閒聊談天」毫無幫助。如果會怕沉默帶來的冷場，請不要給自己壓力、不要逼自己隨時要找話題。請優先把事情交給音樂來處理。

或者，也可以學著享受沉默。看夜景的時候、兩人散步的時候，三五好友一起下廚煮菜的時候，「正在做的事」本身就很有趣，沉默反而比喋喋不休更豐富，更值得回味。

你竟然吃鹹豆花！甜豆花才是真的豆花!!!
我沒有吃過嘛……也許吃了我就覺得甜豆花好吃了……
那我請你！讓你看看什麼才是真正的豆花！
騙到一頓飯，真好。
你竟然吃肉粽！鹼粽沾糖才是真正的粽子！
我沒有吃過鹼粽嘛……
我家自己包！等我給你幾個開開眼界！
又騙到一頓飯，真好！
都是好吃的～

09 康永說：

把無謂的勝利讓給對方，懂得認輸的人很懂說話

安珮有個同事，一流大學畢業，辯才縱橫、邏輯清晰、學富五車、口若懸河。每次部門開會，如果上司問到他的意見，他都能侃侃而談，很有想法。

可惜，大家都覺得他很討厭。需要協調事情的時候，別的部門的人很少願意配合他的。同部門的人，也不太陪他一起衝鋒陷陣。

他怎麼啦？他也沒怎麼，他就只是跟別人意見不同的時候，老是把對

方講到啞口無言而已。厲害是厲害，但討人厭。口頭上敗給他的人，心裡都期待他出洋相。

安珮倒不討厭他，安珮自己開會的時候，幾乎都在想心事，最好是變成空氣，不要引起上司注意，所以安珮從沒跟這號人物鬥過嘴。當安珮聽這位優秀同事發言的時候，也常覺得他講的都挺有道理的。

其實上司們也都算欣賞這位同事，但當他們發現此人人緣太差，事情做不成、沒法打團隊戰的時候，對他的評價就大大降低了。

智者說過：「每個人，都是自己那片小領土的國王。」國王的特色是什麼？國王就是偶爾會樂意聽聽別人的意見……當別人的意見剛好和國王自己的意見相同時。人也許有三六九等，但不管是小學生、老太太、專門幫狗洗澡的、還是專門幫政府查稅的，每個人都喜歡別人同意自己。但既然每個人不論大小、個個都是國王，那當然每個國王都有自己的想法，你朕、我也朕，實在不可能大家都剛好同意彼此的想法。

當你不同意對方的時候，其實你不必像安珮這位好辯的同事這樣，硬要對方認輸認錯。這對事情的進展沒什麼幫助。你可以語帶保留，可以迂迴的提醒，如果對方不是過於白目，應該聽得出你的立場。反過來，當你遇到了很強勢、非逼你認輸不可的人，如果認個輸並不會傷害到你的原則，我就建議你一笑置之，把那個無謂的勝利讓給對方。這會顯得你肚量很大，對方也會很樂意跟你進一步合作。

舌戰如果發生在情侶之間，那「認輸」的益處就更大了。情侶之間和同事之間不同。情侶是因爲相愛才在一起，不像同事是爲了薪水才在一起。把優先順序搞清楚以後，自然懂得情侶之間、維持住彼此的愛，才是最重要的。在相愛的前提之下，又何必計較輸贏呢。

你和丈夫吵架，吵贏了，吵到他低頭認輸、惱羞成怒、摔門出去，大踩油門把車飆走，這樣你不是會很擔心他的安全嗎？你會整晚都睡不好，焦急的等他回來吧？這樣你有贏嗎？應該是寧願輸的好吧？

嗯嗯，她喜歡吃這個，
不喜歡香菜，最喜歡
加一點點辣醬的……
（默默牢記在心裡）
這個饅頭好吃……
這家麵好吃……
咦？不一起出去了？
是我做錯了什麼嗎？
54公斤——68公斤
我胖了啊！
除了吃飯還有很多
活動可以約……
我想想……

10 康永說：

把對方看在眼裡，放在心裡

阿昆參照了很多「教說話的書」指示，和安珮約會的時候，阿昆很努力的，一直保持兩眼望著安珮的眼睛。

可能這樣做眞的很累，過了五分鐘，阿昆就覺得自己都快變成鬥雞眼了。

不過，更累的是被看的安珮。安珮心裡其實在冒冷汗，擔心自己是不是被看出什麼破綻？是鼻頭的粉撲得不夠、被看出來毛孔有點粗大嗎？假睫毛沒黏好？魚尾紋？眼屎？

安珮會這麼緊張，是因爲阿昆看她的方法，太像「驗屍」了。看有很多種，「端詳」「檢驗」「審視」，跟「注意」「注視」「望著」，有分寸上的不同。

約會的時候，當然最好是三不五時的、帶著感情、望著對方，讓對方感覺到兩人之間有曖昧的電流在傳遞，而不是「兩個餓壞了的人聚在一起塡飽肚子」。

有的人約會時，雖然精心挑選了適合談話的法國餐廳，精心挑選了老少咸宜的法國紅酒白酒，但進了餐廳一坐下來就「認眞」的研究菜單，研究完菜單就「認眞」的跟侍者討論菜色。然後呢，酒來了就「認眞」品酒，菜來了就「認眞」吃菜。是怎樣？你以爲自己是米其林餐廳指南派出來的美食密探？

約會就是約會，就是要含情脈脈，吃喝點菜都是「調情」的好機會。面對外文菜單，你可以嘲笑自己在外文上鬧過什麼笑話，讓對方覺得你好親切，也可以趁機講一個自己去旅行時見識到的小風俗，讓對方覺得你很見多識廣。在這麼做的時候，你當然要不時「望著」對方，帶著一點點「觀察」，讓對方充分感覺到，她在你眼中的「存在」。

侍者建議火鍋要多辣、牛排應該帶血吃的時候，看她有沒有皺眉？看她有要起身的樣子，雖然不用誇張到一個箭步移形換位去幫她拉椅子，但起碼該停下刀叉筷子，貼心的告訴她，餐廳的化妝室在哪個方向。這些，都需要你保持「眼角觀察」，但不必「端詳審視」的。

很多人以爲懂美食美酒，就是有品味的人。我一點都不同意，懂美食美酒的無聊蛋，我見多了，跟這樣的人聚會，你絕不會有「如沐春風」的感覺，因爲他們沒有「以你爲尊」，而是「以吃喝爲尊」。

一個人，如果能做到把對方「看在眼裡、放在心裡」，就算這個狀態，只維持一頓飯的時間，也能讓對方覺得「被重視」，如沐春風。

看到沒？「被重視」是關鍵字喔，要緊的，就是那個「視」字啊。

加班中——
這個報告應該這樣那樣……
巧妙的轉移話題——
你昨晚幾點睡的？能不能不熬夜啊？
妈
晚飯吃什麼？
明天要出去？
你看的電視劇……
你幾點睡的？
別插嘴。
你是不是又熬夜了？
妈
幾點？
你又想熬夜？
你不想活了嗎？
搞不定啊！
早就說經驗老道的媽媽可能行不通……
但還是不要熬夜哦。

11 康永說：

不會GAME OVER，讓人接得下去的說話法

初次的約會，阿昆對安珮聊起了他最愛看的籃球賽：

「每次在網路上下注，只要有湖人隊，我就一定賭湖人隊贏！」

安珮如果也很愛看籃球賽，那當然就沒問題。可是如果安珮最不愛看的就是籃球賽呢？那安珮接下來說什麼，就會很關鍵的決定初次約會的成敗了。

「喔。我覺得籃球最無聊了。」安珮說。

～畫面浮現GAME OVER～

如果安珮並不是被老媽拿槍指著太陽穴去約會的話，其實她應該不會這麼急著把約會搞砸的。

倒帶，重來一次：對方不管說的是你心目中覺得多麼無聊的事，只要你願意讓談話繼續，就請你忍住，不要說出這麼GAME OVER的話來。

「我每次都賭湖人隊會贏！」阿昆說。

對籃球完全沒興趣，也不想聽臭男生繼續窮吹籃球經的安珮，可以接什麼呢？

ⓐ「那阿昆你一定常常熬夜看球賽囉？」→接下來就可以進一步聊他的生活作息了。

ⓑ「那阿昆你都下多大的注？」→接下來就可以進一步聊他的金錢觀了。

ⓒ「那你看球賽的時候，你以前的女朋友都不會抱怨喔？」→接下來就可以進一步聊他的感情史了。（但這個方向有點危險，因爲阿昆恐怕也會回頭問安珮的感情史，對初次約會來說，這是不好拿捏的敏感話題。）

只要你有心，你也可以替安珮想出另外十句可以接的話，不會讓談話尷尬的中斷，也不會勉強安珮假裝對籃球很感興趣，被迫接著聽阿昆滔滔不絕十五分鐘講湖人隊有多厲害。

遇上對方提起了一個你完全不想接的話題，不必急著抵抗，而是輕巧的把對方熱中的話題，連接到一個很生活的方向，就行了。

這招拿來對付愛嘮叨的長輩也不錯。我很多朋友的媽媽，都非常愛唸她們的小孩「怎麼還不結婚」，嘮叨起來可以在電話裡講半小時。

「媽，我跟你說，我老闆上個月離婚了耶。他搞外遇，被逮到！」

你使出了移花接木的招數，也許你媽會上當，就開始跟你聊她身邊離婚的人，暫時忘記要逼你快結婚。但也可能，你媽江湖經驗老到，目不眩、神不移的說：

「那你就去跟你老闆交往看看啊，反正他剛好離婚了！」

午休時間——
那天的電影啊……
對對對……
然後他們——
咦……你們在聊
最近的電影嗎——
BOSS
是啊
您看了嗎？
哈哈我沒看過，但是我突然
想起來……會議資料你們都
整理完了嗎？下午要用哦。
BOSS
話題——
終結者——

工作的話題
我不懂……
截稿日的話題
我也不懂……

12 康永說：

話題卡住了，就換話題，不要戀棧

安珮：「你說，你是不是帶每一任的女朋友來這裡看夜景？」

阿昆：（卡住……）

阿昆這算是比較驚險的卡住啦，如果在連續劇裡，這時阿昆應該會有一個臉部特寫，配一段阿昆霹靂的音效。但平常我們在談話中卡住時，多半很平淡，就只是剛好沒話可以接了而已。

阿昆：「你的老闆身體最近比較好了嗎？」
安珮：「喔，很好，都沒問題了，謝謝你這麼關心耶。」
阿昆：「別客氣……」（卡住）

如果安珮的老闆住到加護病房了，我想安珮就會有很多話要對阿昆講，阿昆也就會有很多問題可以問，就不會卡住。但我們當然絕對不應該為了談話順暢，就任性的把安珮的老闆送進加護病房！我們應該靠自己解決問題。

話題卡住了，就換話題，不要戀棧。我知道有些話題你起了個頭，是希望問出一個結果，或是要告訴對方某件事，但卡住了就是卡住了，暫且丟開比較不會手忙腳亂，有機會再繞回來就可以了。你看電影裡的殺手，每次忽然發現手槍裡的子彈卡住了，或者射完沒子彈了，就會改用拳腳進攻，很少堅持拿著已經沒有子彈的槍當武器去敲敵人的頭。

天可憐見，有些人本來就防衛心很強，或者天生個性冷淡，你再怎麼努力找話題跟他講，他就是淡淡的回答你「是喔」「這樣啊」，這些都是會讓你卡住的回答。這樣的人，如果你並沒有和他戀愛的打算，那我建議你明快有禮的說清楚該說的話，類似「老師說明早九點在車站集合喔」或「那麼很抱歉這次就不麻煩您了」，說完就可以閃了。

但如果是你在意的人，談話卻卡住的話，其實不必用力挽救，另開一個話題即可：

阿昆：「我昨天租了一部片子，是講未來世界，人的記憶可以被假造的故事。」

安珮：「聽起來好難懂喔……」

阿昆（馬上另起爐灶）：「我後來在路上，竟然看到林志玲在買炸雞排耶！」

安珮（眼睛一亮）：「林志玲本人漂不漂亮？」或者，如果安珮是愛吃鬼：「那家雞排好吃嗎?!」

如果在相聚的兩小時裡面，你有三次讓對方開心的笑，那對方應該是絕對不會記得你曾經提過幾個無聊的話題的。（除非她偷偷按下手機的錄音鍵，回去把整場談話根據錄音整理成書面紀錄……如果是這樣……其實分手可能比較好……）

喜劇片裡面，慌亂的男主角打破女生最愛的一個花瓶時，趕快用腳把花瓶碎片掃到沙發底下，手上卻抽出花瓶裡的玫瑰，放在女主角臉的旁邊說：「你比玫瑰花還美十倍……」女主角笑逐顏開，馬上置破花瓶於腦後，這個場面，某個程度是眞的啊。

談話是發生在當下的事情，很少人能同時聽著你講話，腦子裡卻一直惦記著三分鐘前你講了什麼爛話題，這又不是期末考，教授在聽你做報告，遇到會卡住的話題，就讓它摔破在地上，用腳掃到沙發底下就結了。

偶爾也許也會有
這樣的小誤會呢……

13 康永說：

問的問題越具體，回答的人越省力

問的問題越具體，回答的人越省力。回答的人越省力，他就越有力氣和你聊下去。

「你喜歡去什麼樣的國家旅行？」比不上「你旅行時有被騙過錢嗎？」

「你喜歡什麼樣的男生？」比不上「你喜歡王力宏那樣的男人嗎？」

因爲，問問題，最好有「退路」，也就是說，就算對方回答「沒有被騙過錢」或者「對王力宏那型的男人沒有感覺」的時候，你自己應該口袋裡也有些相關的有趣的事可以講，要不然，你的問題就應該是其他你有話可說的題目。如果你也沒被騙過錢，那你比較適合改問：「你旅行時會亂買東西」或「有沒有搭錯車過」等等，你自己也有故事可說的題目。

至於「喜歡什麼樣的國家、男生、衣服……」這種題目，其實也很不錯，起碼是很友善、也很安全的問題，但這類問題需要對方做一番「歸納整理」的工作，有點費對方的腦力。萬一對方不善於歸納整理，或剛好沒力氣動腦筋時，她可能就會回答：「我也不知道耶。」或者「都好啊。」這類比較掃興的答案。

我建議的發問方式，可以是先問兩三題像是非題或選擇題的具體問題，把對方有興趣聊的範圍給摸索出來，再用申論題往下問。

比方說，先用是非題，探出來安珮覺得電影《星際大戰》裡的綠色小個子尤達大師很迷人，那就比較知道她的路數應該不是迷王力宏、強尼戴普等偶像的（當然，也有人都喜歡的啦，尤達大師、垃圾桶形機器人、王力宏、強尼戴普、姚明、成龍、美國總統、石油國親王……等等，很難判別喜好）。

聊天，如果一開始就製造出雙方都很想講話的氣氛，對方就會有「怎麼跟你有說不完的話？」「和你談天好輕鬆！」這種感受。

這種感受，有時是天時地利人和，有時是對方在講客氣話哄你（尤其如果你是去酒店或牛郎店花錢買聊天的話）。而最可靠的，是靠你自己暗暗掌控、製造出這樣的感受。

被你的問題所引導的人，其實不太會察覺你在掌控什麼，因爲氣氛很愉快，他腦中就不會有警鈴響起。別人這樣對我的時候，我腦中也不會響警鈴，因爲人都想找到知己，人都想被了解，每次愉快的談天，都像靈魂被按摩過一樣，會讓你以爲「終於遇到知己」了。

當然很可惜的是，知己有時只是一個有明確目的、要利用你的人，當地圖整卷攤開而匕首出現時，你難免覺得被潑一盆冰水。十年不見的老同學，和你講了十次愉快的電話之後，終於說出她希望你買她推薦的保養品，成爲直銷公司的下線。這時，我建議你：開朗看待這件事，別太灰心。你男友陪你聊天三百次、逛街哩程累積八百公里，還不就是爲了：把你弄到手？

這個遊戲我一下子
就抽到了SSR！
我剛玩，一毛錢都沒花
就拿到了哦！
我是不是太厲害了？
雖然我也不打算
繼續啦……
小海豹你繼續說啊？
怎麼不說了？

人家只是想分享喜悅嘛……

14 康永說：

聊天時，每個人都想聊自己

安珮和阿昆即使是在最親密、最如膠似漆的時候，很遺憾的，他們也仍然各自活在自己的世界裡。

這是世界的眞相：每個人都活在自己的世界裡。當阿昆在投資上踩到地雷，慘賠五十萬的那個晚上，如果安珮正在因爲月經來而整晚肚子痛的話，那麼，不管他們兩人多麼努力的關心對方，眞正最讓他們痛苦的，仍然是他們各自的痛處：阿昆的五十萬、安珮的肚子。

講這個不是為了對情侶們潑冷水，而是做個簡單的提醒：聊天時，每個人都想聊自己的感覺。

當你在東指西畫的大談：「厚！昨天晚上我夾著鯊魚夾去倒垃圾的時候，我前男友開車經過我面前耶！靠！我額頭剛好長了兩顆大痘痘……*#@&#*……」

當你正在廢話連篇，而你對面的人，卻認眞的睜著眼睛看著你，專注而關心的時候，你眞的會覺得這個人是你最好的朋友，是你最想傾吐心事的對象，是地球上最可依靠在上面垂淚的肩膀……

這個看似很專心聽你說話的人，嗯，我不知道她是不是你最好的朋友，但她無疑是你「最上道」的朋友。

她專注的望著你時，天曉得她心裡在想些什麼?!她可能望著你的嘴，想著「嘴巴一直動，好像我養的金魚喔……」「上排牙齒有披薩的菜渣耶……」「她講的那個前男友不是長得像豬嗎?……」等等。

處於這個狀態的她，實在不太像什麼「地球上最可靠的肩膀」，但你絕對會喜歡她，這是一定的。

所以，反過來想，當你自己想要被別人喜歡的時候，你只要把別人放在你自己的位置上來想，那就輪到你來扮演這個「最上道」的朋友了。

扮演這樣一個朋友，最高原則非常簡單：

「盡量別讓自己說出『我』字。」

聽起來很容易，但你可以試試看，跟朋友聊天十分鐘，不要說出「我」字。

對，就是不要說出「我」字。每次想說「我」字時，都改成「你」字或「他」字。

你會發現這十分鐘裡面，本來不斷說著「我昨天……」「我覺得……」「我買了……」這些句子的自己，忽然變成一個不斷把話題丟給對方，讓對方暢所欲言、超級上道的人！

也許你會說，你又不是在陪酒，又不是在牛郎店上班，爲什麼要讓對方暢所欲言，而不是讓自己暢所欲言？

答案很簡單，你的朋友們，也不是在陪酒、做牛郎啊，他們憑什麼要永遠讓你暢所欲言？

你看這個UP主為了能吃更多美食，每天都鍛鍊……
所以我們也應該像他一樣，要好好照顧健康才能更享受生活……
所以你是不是……
應該鼓起勇氣去看牙醫？

咦？是嗎？
你不是尖銳的問題！你是尖銳的疼痛！

15 康永說：

問題很尖銳，可以倒推回去兩三步

阿昆的老同學，最近一直來借錢，每次見面時，阿昆都覺得對方的眼神古怪，整個人都和以往不同。阿昆判斷對方在吸毒，但這樣問一方面很尖銳，一方面應該也得不到對方的誠實回答。

如果問題這麼尖銳，可以試著把心裡假設的事，倒推回去兩三步來問。比方說，阿昆假設對方在吸毒，倒推回去兩三步：吸毒是因爲不快樂嗎？不快樂是因爲離婚嗎？如果阿昆是這樣倒推的，那他可能可以先問對方：「離婚以後，是不是過得很痛苦？」這個問題聽起來很柔和，是朋友會問的問題，比較不像「你是在吸毒嗎？」這種問題，太像法官或警察問的問題，指責意味太強了。

如果阿昆的推論大體正確，他的老同學眞的在離婚以後，心情很痛苦，爲了逃避痛苦，躲進了吸毒的世界，那在這時再問到「所以你有在吸毒？」這樣的問題，對方就不會那麼難以承受，他知道你是關心，而不是在審問。

說實話，如果你不是那種老是認爲「我才是正常人」「我才是社會的中堅」的人，就比較不會理所當然的永遠用充滿優越感的輕蔑態度去看待輟學的人、上癮的人、脆弱的人，也就比較不會以太粗魯的方式，直接質問別人某些尖銳的問題，而比較會採用談話的方式，試著了解對方的處境。

另外，在公事上，必須問出尖銳的問題時，我建議拿「抽象的第三方」來當替死鬼。

比方說，老闆做出了很蠢的決定，你想提醒老闆這個決定很蠢，你就可以把你要問的問題，推給老闆「比較沒輒」的第三勢力。例如：「老闆，全省的經銷商他們叫我來請問您，如果您海報印這麼大，他們要貼在哪裡？」這類的問法。

我訪問過一堆大官，當我要問這些大官某些尖銳的問題，比方說貪汙的傳聞、性騷擾醜聞等等，我也會抬出這種「第三勢力」來提醒受訪的大官，例如：「您就任即將滿三年了，媒體記者們在報導您的政績時，恐怕也一定會提到，一直都沒有得到您親口澄清的，有關兩年前的那則收賄事件的傳聞……」

還有一種說法，可以盡量把對方聽來刺耳的，有審判味道的字眼，改成用一些「具體的陳述」，例如：「蔡教授，同事都在傳你的論文是抄襲的……」可以改成：「蔡教授，我們收到這份英國的學術期刊，上面這篇論文，跟你上個月發表的那篇，內容上重疊的部分，大概有五千字……」

雖然用字比較多，但也顯得比較具體，不像是直接指謫對方，而是要求對方就事論事。

問題也許尖銳，但並非出於惡意。什麼都不問，放給它爛，讓老闆毫無準備的被全省經銷商嘲笑，讓教授在網路上被罵到狗血淋頭、潰不成軍，讓官員活在自己的世界裡陶醉、像金魚活在漂滿自己排泄物的金魚缸裡面，一直吃進去再拉出來，這才是懶得管你的冷漠吧。

人生難免出現尖銳的問題。逃得過就逃，這是我們的天性，但逃不過的話，就處理吧！

你們覺得今天這道新菜，我做得怎麼樣啊？
哎呀，你們每次都說好吃，真是的，也給點建議嘛！
既然這樣……
媽，你聽過這個故事嗎？一個國王的女兒對父親說我像愛鹽一樣愛你，所以你說鹽放得多好吃，還是放得少好吃呢？
你的意思是我的菜太淡了？
還是太鹹了？你說清楚，我保證不打你。
咦？
這就對了。
媽媽做的都好吃。

16

康永說：

適度的挑釁，能讓談話熱絡

安珮有個同學，是牆頭草的化身，不管別人說什麼，她都說好。明明是戴金鐲子的歐巴桑，發瘋穿了整套英國女王才穿的粉藍套裝加粉藍帽子，她也稱讚有品味。明明不該騎上人行道的腳踏車叮咚叫她讓路，她也乖乖讓路。明明就節奏慢到讓人以為是放映機卡在定格上的大爛片，她也說其實還不錯呀。明明就應該坐牢坐到就算頭上長出靈芝來都不夠久的大壞蛋，她也說得出其實他滿可憐。

也許有人以爲這種像鼻涕蟲一樣的爛好人，是很好的談話咖，因爲她永遠不會唱反調、應該跟誰都聊得來。事實上呢，根本沒有人想跟她講話！跟這樣的人講話，就像對著牆壁練習揮網球拍一樣，如果你是想苦練「如何靠自己一個人完成一百場談話」，那她倒是很好的練習對象。

你看每一年的奧斯卡頒獎典禮，台下前兩排坐的全是好萊塢的風雲人物，平常一呼百諾、喊水會結凍，可是每年典禮的主持人，一定會挑當年最紅的兩三位來開點惡作劇的小玩笑，說他們整型整到這場戲跟上場都不連戲了啦、離婚付的贍養費比演過最賣的電影的票房還要高啦，這類當事人苦笑但全場大樂的玩笑話，這時主持人尺度的拿捏確實微妙，但無論如何奧斯卡是不會請一位對全場貴賓歌功頌德、唯命是從的人來主持的，因爲那樣典禮一定會很沉悶的，像坐在網球場邊看一個選手跟一面牆壁對打一樣沉悶。

適度的挑釁，絕對能讓談話熱絡，因爲每個人都希望自己的意見被重視、被探討，而不是被一個完全沒原則的人敷衍了事的點頭稱是、應付過去。

「陌生的富豪，向一對缺錢的年輕夫妻提出條件：一千萬，丈夫把妻子讓給富豪一個夜晚，接受？還是不接受？」像這樣的電影故事，大家討論起來，就會顯現每個人不同的個性、價值觀。「世界末日來臨時，有一艘救命的大船可以搭載三十萬人，你覺得憑你該拿到一張上船的票嗎？」

這些問題，如果眞的要面對，實在很是考驗。還好願意花一千萬買一夜的富豪不易遇見；還好不必等到世界末日，人生也早已充滿各種三災六難，說不定拿到船票的那一刻，你馬上心肌梗塞了呢！但這類很直接的問題，很能激發大家參與。至於氣氛是否愉快，會不會演變成太劇烈的爭論，那是要走著瞧的，但比起老是聊藝人的八卦或哪家店在打折，這類話題起碼比較能夠增進對自身以及對朋友想法的進一步了解。

有個小小的提醒，如果你很堅持願意爲一千萬，出讓尊夫人一夜，留神回府之後，尊夫人罰你睡沙發五夜。

這支口紅只有試色塗好看
……但你擦起來真是適合。
那條褲子我可不敢穿……
但你穿起來很好看！
這杯奶茶好難……
好好喝！
同一款
太難為我了！

17 康永說：

不想交淺言深時，應該避開的地雷

阿昆今天第一天上「統計學」的課，上一上，覺得教授長得很奇怪，又上一上，發現坐在隔壁的同學長得很漂亮。阿昆正想著要怎麼跟這位漂亮同學搭訕，剛好下課鈴響了。阿昆趕緊抓住機會，對漂亮同學露出白牙齒一笑，說：「剛剛上統計學這個教授，長得好奇怪喔，整個人像馬鈴薯一樣……」

漂亮同學看了阿昆一眼，說：「他是我爸爸。」說完，就拿起課本走了。

人生處處有地雷，如果你沒有被炸到，那只是因爲你還沒有踩到，不是因爲你那區這麼好都沒地雷的。

在大人的社交圈裡，有時連問候對方的另一半，都變成高危險的問候語。因爲婚姻或伴侶這些關係，都挺脆弱的，隨時會有變化，如果在一位女性瀕臨離婚時，問候她：「你先生還好吧？」不管這位女性是否堅忍不拔，總是件殘忍的事。而且，更倒楣的是：你可能會非常無辜的、從此變成這位女性眼中的討厭鬼！她可能覺得你語帶嘲諷，可能覺得你的語氣是在可憐她，可能她覺得你知道了些什麼她先生外遇的傳聞，而再也不想見到你……

當然你是無辜的！但誰叫你要走進地雷區？你爲什麼不聊聊正在流行的電影？（除非你眞那麼倒楣，正在流行的電影剛好又是講外遇離婚。）

在這件事情上，請不要模仿我們這些訪談節目主持人的作風。我們訪談時，常常扮演談話的探險者，我們的工作就是交淺言深，就是邁開大步在地雷區中奔竄，看看引發地雷時，是誰被炸到！這是觀眾看我們的原因，但這是表演，不是現實世界。

我們有主持人的工作身分當護身符，但一般人在生活中，可沒有這樣的護身符。我們錄完影以後，是可以斟酌剪輯、降低傷害的，但現實世界裡一言既出，是沒辦法剪輯的。別人心裡一旦對你有了芥蒂，化解起來總是要費一番功夫，何苦？

如果不想交淺言深的話，應該避開的地雷有哪些呢？

我的建議是：第一，對方很容易有苦衷、不方便對人說的，比方說：財務狀況、生什麼病、感情狀況、小孩的成績……等等。第二，是對方很容易有強硬立場的，談起來容易起爭執的，比方說：支持哪個政治人物、支持哪支球隊、討厭哪個明星、信哪個宗教、吃素的攻擊吃肉的或者反過來吃肉的攻擊吃素的等等。

很多歐巴桑不尊重這些界線，動不動問人家為何還不結婚？還不生小孩？一個月賺多少錢？房子買在哪裡？她們以為這樣是跟人家熟絡，但其實這就是她們會變成可怕的三姑六婆的原因：她們交淺，一年見不到一次，但她們很愛言深！

我知道好友談話，必須談得深，才有意思。但這事急不得，等到交情夠了，再深入談吧。電視上的訪談節目，應該打上警語：「危險動作，請勿模仿。」

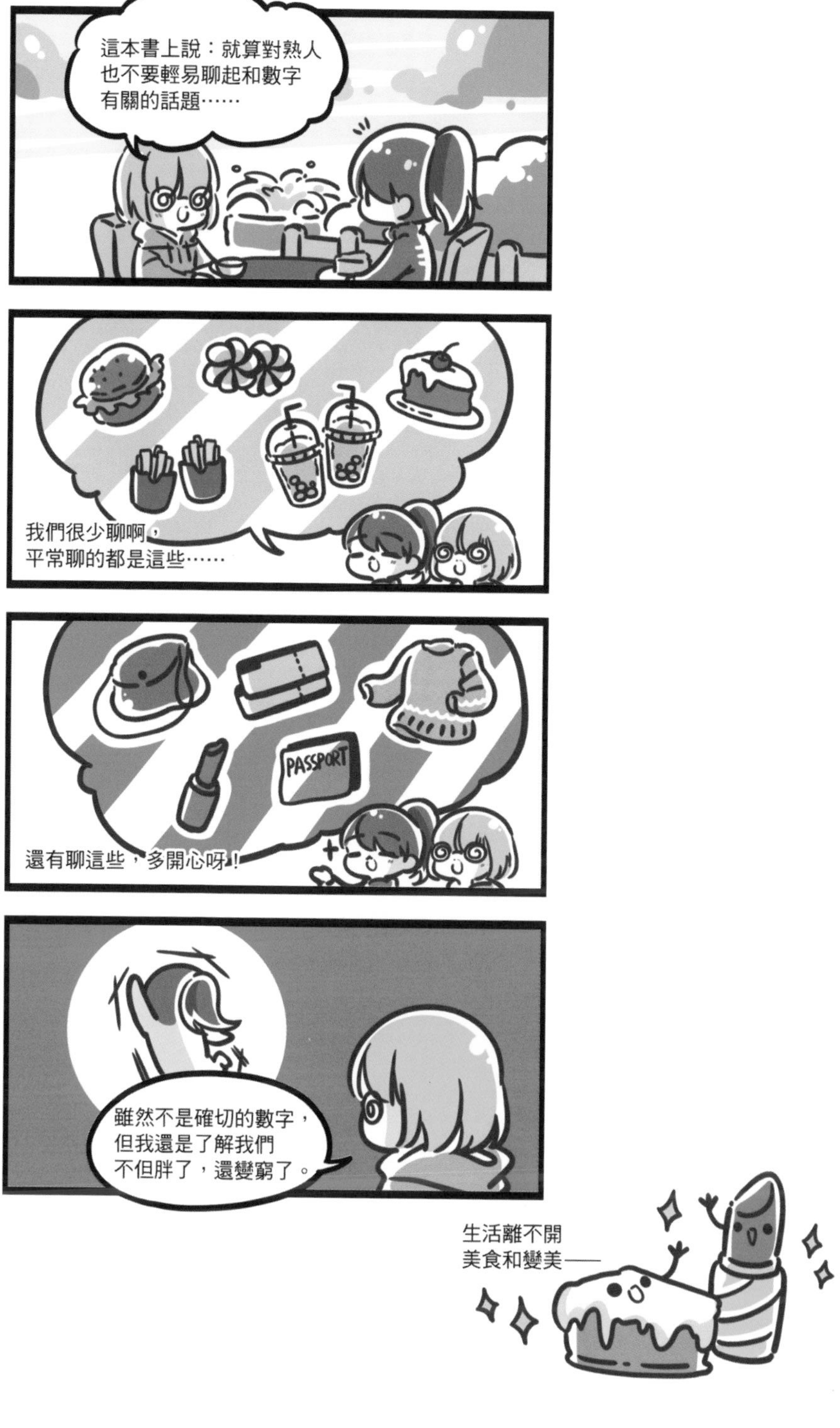
這本書上說：就算對熟人
也不要輕易聊起和數字
有關的話題……
我們很少聊啊，
平常聊的都是這些……
PASSPORT
還有聊這些，多開心呀！
雖然不是確切的數字，
但我還是了解我們
不但胖了，還變窮了。
生活離不開
美食和變美——

18 康永說：

硬生生報出的數字，很難記住

「阿昆，你是哪一年生的？」安珮問。

如果阿昆照平常那樣回答他是哪一年生的，雖然未必不好，但畢竟就只是一個數字，除非剛好安珮對這個年分本來就很有印象，要不然，大概阿昆說過，安珮就忘了。

「阿昆，你是哪一年生的？」

「我出生那年，麥可．傑克森出了那首《Beat It》喔！」（順便唱兩

句）

「眞的！這首歌超棒的！」

「對啊，可惜歌紅我不紅！」

「哈哈，又不是你唱的！」

這當然是阿昆高攀麥可．傑克森，但反正高攀也不用錢。不過要能說出這種話來，還是需要事先爲自己做一點功課，而且要視講話的對象，而改變你高攀的對象。如果阿昆是去一家人壽保險公司面試，面試的是滿頭白髮的長者的話，那可能就不用《**Beat It**》，倒是可以試試「我出生那年，竟然同一年有兩位大明星過世耶！英格麗．褒曼和葛莉絲．凱莉都是那年夏天死的！兩個人只差了十六天！」（當然，這也很危險，可能白髮長者還比較熟麥可．傑克森一點也說不定。而且，面試時對長者說有人死掉這種事……不過，既然是人壽保險公司……）

反正啊，硬生生的報出數字，是很難給人留下印象的。阿昆如果對安珮自我介紹時，用了《Beat It》這一招，可以想像下次安珮和別人提到阿昆，或者是新聞又提到《Beat It》這首歌時，都會發揮聯想的效果。

這一招，還可以避開一些講出口會有點尷尬的答案。照禮貌來講，就算很熟的人，也不見得可以任意聊起對方收入數字有關的話題。但是，這是一個白目者意識高漲的時代，白目的人越來越理直氣壯的活著，就算初次見面，直接問對方收入的狀況也不再那麼罕見了。

「那阿昆你一年可以賺多少錢啊？」

除了「關你屁事」之外，阿昆也可以用一些不算隱瞞，但也不太具體的回答。

「如果去杜拜住那家最貴的帆船旅館，大概只夠住一個禮拜吧……」

反正也沒講是住哪一級的房間，而且，這種答案就像烏賊噴出的煙霧一樣，也許可以混淆白目發問者的注意力，把話題轉向旅行啦、住過哪些旅館的趣事啦，這些比較有趣的事情。另一方面，也可以順便展現一點你的「國際視野」啦。

你可能會問我：「我爲什麼要跟白目的人聊有趣的事？」

我的回答是：「那你就用『關你屁事』那四個字好了。」

接下來的工作安排是
1……………………
2……………………
3……………………
BOSS
這個會議開得
像機關槍一樣……
是啊……
就不能慢一點嗎？
一句一句說，這樣
連珠炮誰受得了啊！
對對……
搞得我都不想
工作了啊!!
……就算沒這樣，
你也會偷懶的吧。

就算是投籃遊戲
也有限時的啊……

19 康永說：

打麻將就該用手洗牌，「空檔」是很重要的

阿昆表面上喜歡看籃球賽，但實際上他更愛看中場休息時，穿很少的啦啦隊辣妹們踢腿跳舞。對阿昆來說，籃球賽的空檔，比籃球賽更重要。

阿昆不算是怪咖，很多事都是這樣，空檔比較重要。

你看電視節目，播廣告時你認爲是空檔，跑去上廁所。但對電視台來說，對製作人來說，被你當成空檔的廣告，比節目本身重要多了。沒有那些廣告，就沒有錢做節目給大家看了。

對我爸爸這樣的老派上海人來說，爲了節省時間而發明的電動洗牌麻將桌，大概也會被認爲是「本末倒置」的錯誤發明。因爲每打一把牌，中間搓洗麻將牌的時間，正好用來稍微「談一點正事」。其實那一點點洗牌的時間，也只夠隨口探問一下對方對某件事的態度或進度，但這對我爸爸他們來說，似乎已經很夠了，大概等四圈麻將的休息時間，或者晚飯前後再確認一下，事情就原則上講定了。

所以，對我爸爸來說，打牌的輸贏不重要，打牌的空檔，輸贏反而更大些。這應該是爲什麼他們喜歡說打麻將是「去應酬」，而不是「去打牌」的意思吧！

談話，談天，其實也是一樣，空檔是很重要的。沒有留下空檔的說話者，連續講三分鐘就讓聽的人頭痛死了，太陽穴會像黑道電影裡被機關槍狂射的死屍一樣，不停原地彈跳。

你看電視上佈道或傳教的男女法師教主們，講話都很有抑揚頓挫，同時也都慢吞吞的，因爲他們講話的聲音，是一種精神上的按摩，有時輕、有時重、有時按摩一下你的理性，但大多時候按摩你的感性。

這些人說話，都會三不五時的留下一些空檔，當他們提到媽媽養育小孩的辛苦時，一定會停頓一下，因爲要讓你有空檔回想一下自己的媽媽，然後你會感覺像在跟他們聊天一樣，自己就在心裡默默點著頭，默默說著「是啊……是啊……」

韓劇日劇裡面，做出動人告白的男女主角們，話都是說得斷斷續續、欲言又止的，才更顯得柔腸百轉、柳暗花明。你隨便把他們任何一位的深情表白變成三倍速快轉，立刻全部變成卡通人，韻味完全消失。

「喋喋不休」和「口才好」，完全是兩件事。跟一個寡言的人共處一小時，是很沉悶，但跟一個喋喋不休的人共處十分鐘，應該你就會想掐死對方了。說話像機關槍而且很得意的人，也許可以試著把機關槍改成弓箭，拉弓↓放箭，拉弓↓放箭，留一點空檔，讓聽的人消化一下，只要你的話值得一聽，不用擔心，對方一樣能見識到你的威力。

這個電視劇的反派啊，
他先這樣那樣……
後來呢？
妈
然後「碰」的一下！
他竟然……
後來呢？
妈
所以反派叫什麼名字？
我剛才說的是誰？
後來呢……
妈
?
（完全沒在聽）
被罰看三遍大結局。

20 康永說：

想知道後來怎麼了嗎？——懸疑式說話法

阿昆念中學時，有一天放學回家，竟然發現媽媽正在被一個高大的男人攻擊，這個男人好像是阿昆媽媽的上司！情急之下，阿昆往這男人撲了過去，這男人被撲倒，後腦狠狠撞上了大理石桌的桌角，死了。

阿昆的媽媽該怎麼做呢？兒子是爲了救自己，才意外殺了人的啊。難道要檢舉兒子？還是，幫助兒子遮掩這個殺人事件?!

這個媽媽到底後來怎麼辦呢？

阿昆後來有被發現他殺了人嗎？

那個死掉的上司，都沒有家人在找他？

大部分人心中都會充滿問號，想知道後來怎麼樣了。這是人之常情，人必須知道很多事情後來是怎麼發展又怎麼結束的，因爲這就是人從原始時代開始、向同伴們學習生存之道的方法：

「我今天遇到一隻牙齒這麼尖、滿身都是毛、比樹還高的野獸！」穴居人小甲說。

「後來呢？」穴居人小乙趕快問。他最好知道小甲是怎麼應付這個局面，才活下來的，以備下次他自己遇到這類野獸的時候，他才知道該怎麼做。

勾引別人繼續聽你說話，很像連續劇勾引觀眾繼續看下去用的招式：連續劇每次演了一段，要進廣告之前，就會讓劇中人忽然做個什麼動作，比方說，男主角賞女主角一記耳光→進廣告；或者，女主角把盤起來的頭髮鬆開，說：「這一個月，你都沒發現我眞實的身分？」→進廣告。

人類有時候眞是單純到讓人暈倒的動物，從穴居時代開始，一直到二十一世紀，眞的已經很難沒事會在馬路上遇到一隻「比樹還高」的野獸了，但大家還是忍不住要知道「後來呢？」

要練習這種「懸疑式」說話，其實很方便，只要你跟朋友轉述一件事的時候，每講個幾句，就稍稍停一下，看你朋友會不會問「然後哩？」「後來呢？」如果有這樣追問，就表示你敘述事情的方法是吸引人的，但如果你停頓一下，你朋友卻想都不想，就把話題轉去別的地方，那就表示你講得很沒意思，對方一點也不在乎後來發生了什麼事。你可以找機會改個方法，把同一件事用別的順序再講一遍，看你朋友這次會不會問「後來呢？」

我認得一個人，他本來坐辦公室的薪水一個月大概兩萬塊，可是他後來就開始練習，把生活中的大事小事，都盡量講得很吸引人。結果他漸漸轉行去網路上賣地方特產了，你知道他轉行做這個之後，每個月賺多少錢嗎？

嗯，也許你很想知道答案，但這件事嘛，我暫時先說到這裡就好了。

後來怎麼了，等以後再說吧。

推銷對我來說
是行不通的！
他說了一大堆，
不就是為了要賣我
那麼一點東西嗎？
提前看破手腳
就不是問題！
那你昨天為什麼要
買那個面膜呢？
因為他一開始就說：
用了這面膜就是
小仙女啊!!!

推銷員一定是最擅長
講故事的人……

買

21 康永說：

把故事爆點藏在太後面，很容易讓故事廢了

阿昆先說一個故事給安珮聽。

「美人魚愛上了人類的王子，她很想到陸地上去找王子，就跑去找海底的女巫，要女巫把她的魚尾巴，變成一雙可以在陸地上行走的腿。」

「後來呢？」安珮問。

這是阿昆講的故事，他的懸疑是「後來發生了什麼事？」

輪到安珮講個故事給阿昆聽。

「又窮又餓的老婆婆，路過一個全村人都非常小氣的村子，老婆婆請村民隨便給點吃的，村民卻把吃的都趕快藏起來，不給她吃。老婆婆沒辦法，就在路邊撿了一堆小石頭，把石頭加在水裡面，煮湯。

「結果呢，老婆婆竟然煮出一鍋全村人從來沒喝過的，有史以來，最好喝的一鍋湯！」

「怎麼會這樣？」阿昆問。

這是安珮講的故事，她的故事的懸疑，不是「什麼」，而是「怎麼」。

懸疑有很多種，不見得是讓別人問「後來呢」，才叫懸疑。我有一次，必須在節目裡介紹畫家常玉的生平。我知道很多觀眾沒聽過常玉，而且很多人覺得畫家這種人，距離我們的日常生活很遙遠。

我判斷，如果節目一開始，我說：「常玉年輕的時候就很想到外國去學畫，他家裡當時還算有錢，就花錢把他送去巴黎……」當我說到這裡時，大部分觀眾不會興致勃勃的問「後來呢？常玉去了巴黎以後，發生了什麼事？」觀眾大概只會想：「常玉是誰呀，我聽都沒聽過。」然後就轉到別台去了。

所以我就把說故事的順序，改了一下。節目一開始，我就拿起一本常玉的傳記，說：「我手上這本書，大概只有比滑鼠墊大一點點，但這麼小的面積，如果上面是常玉畫的油畫，那麼，它現在的市場價格，大概是台幣三百萬到六百萬。」用這種「秤斤論兩」的方式，來做常玉生平故事的開場，肯定會被很多愛藝術的人，認爲「庸俗極了」。但不可否認的是，我留住了很多聽都沒聽過常玉名字的觀眾，他們可能覺得藝術不關他們的事，但他們會覺得這麼小張的帆布加上油彩，能換成幾百萬的錢，這事可以聽一下。

石頭和白水，能夠煮成好喝得要命的湯？兩個手掌大的畫，就能賣幾百萬？這些就是很多人愛說的，故事的高潮，故事的爆點。

你如果習慣把爆點藏在故事的很後面，可能聽你說話的人，熬不了那麼久，就紛紛去上廁所了。

如果有興趣練習這種說話方法，可以看看報紙或網路上的新聞，都喜歡用什麼樣的標題，來吸引讀者把整則新聞看完。通常標題就是整則新聞的爆點。下標題的人，並不擔心讀者看了標題，就不看新聞了，他們下標題的技巧，就是要讓讀者好奇「怎麼會這樣？」，怎麼這個大人物會劈腿?!怎麼這個女星會懷孕?!怎麼這個富豪會破產?!怎麼這個大官會被關?!

我如果把現在你手上這本書，用塑膠膜封起來，上面貼一個大大的貼紙，寫著：「這本書只賣給明年運氣很好的人。」也許你就會想把這本書拿到結帳的櫃台去，試試看書店賣不賣給你？

「書店的人怎麼可能知道我明年運氣好不好？」你很好奇「怎麼會」，於是你眞的拿了這本書去櫃台結帳……

如果你這樣做的話，哈哈。我很謝謝你的捧場，也相信你明年一定運氣很好哦。

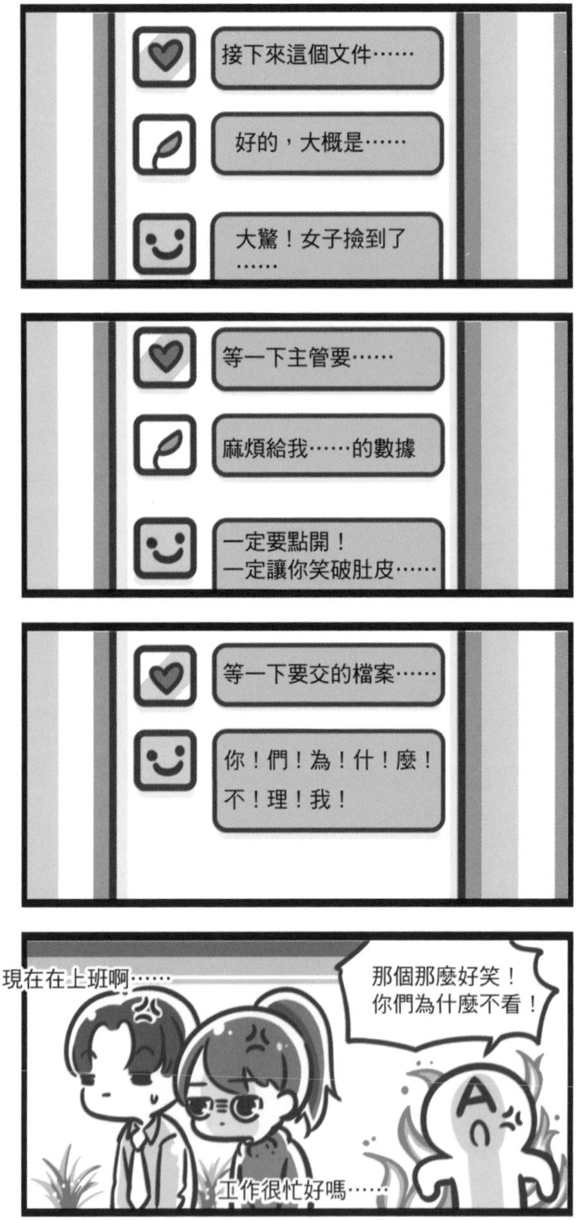
接下來這個文件……
好的，大概是……
大驚！女子撿到了……
等一下主管要……
麻煩給我……的數據
一定要點開！
一定讓你笑破肚皮……
等一下要交的檔案……
你！們！為！什！麼！不！理！我！
現在在上班啊……
那個那麼好笑！你們為什麼不看！
工作很忙好嗎……

快點開看！
必看的××支影片！
BOSS
主管的視線最可怕！

22 康永說：幽默像走路，講笑話像翻跟斗

「阿拉伯數字0，在逛街，迎面遇到也在逛街的阿拉伯數字8，擦肩而過的時候，數字0忍不住哼了一聲說：『胖就胖嘛，幹嘛把腰帶繫那麼緊！』」

這個笑話，是阿昆很喜歡的笑話，每次說，在座的人也都會笑。如果，阿昆說完這個笑話的時候，另外有人接著說：「眞的耶，我們上學期的生物老師，眞的很愛把腰帶勒在大肚子的正中間哦……」

如果談話這樣發展，那阿昆說的這個笑話，就算是發揮了帶動話題的功能，可是，很多笑話並不能帶動話題喔。不但不能帶動話題，有時還會停止話題。不信的話，你下次試試看在熱絡的談話中，硬生生插進去一個笑話，看看會不會中斷熱絡的氣氛。

比方說，大家正在討論奧斯卡典禮上，女明星誰穿得最漂亮，有人說安．海瑟威，有人說娜塔麗．波曼，這時你忽然想起一個笑話，唯恐忘記，趕快開口：「我問你們，我問你們：『世界上，哪一種雞，跑得最慢?!』」這時大家只好停下來，禮貌的猜幾種雞，配合一下，然後你宣布答案：「是妮可雞，因爲妮可．基嫚！哈哈哈……」我想你應該有九成的機會，讓原本熱絡的談話，立刻冷卻下來。

請試著了解：幽默感，跟笑話，是兩件事。

有的人講話很有趣，很吸引人，但卻很少講什麼「現成的」笑話。就像很會煮菜的人，不會把罐頭濃湯熱一熱就端給你喝，還期望你說「眞好喝」。

笑話不是萬靈丹，談話中一定需要萬靈丹的話，有趣的故事，應該會比笑話有效果得多。

我朋友中，有幾位是台灣的原住民，他們常常講起一些因爲文化差異而造成的好笑的事，每次講出來，都讓談話變得更活潑，比方他們說：「原住民不免被平地人影響，學了些平地人的習俗，有次，部落一位老人過世，學平地人的葬禮，在靈前點了兩根白蠟燭，可是部落的小朋友沒看過葬禮點蠟燭的，一看到那兩根白蠟燭，現場的小朋友都趕快拍著手開始唱『祝你生日快樂……祝你生日快樂……』」。

這樣的故事，會帶動大家都講些在葬禮中的糗事，或者是去異地做客時遇到的趣事，因爲是很生活的故事，而不是大家都不知道怎麼接話的罐頭笑話，當然就比較能引起談話眾人參與的興趣。

講話幽默的人，就像走路好看的人，你跟他走在一起，會覺得很平常的走路，也是賞心樂事。而講笑話比較像翻跟斗，翻得好不好姑且不說，但其實很少人喜歡跟一個沒事就翻跟斗的人一起走路的。

我想請教這個問題……
哇！還能這樣哦?!
這裡這樣這樣。
我都不知道！
然後這樣這樣。
所以你會了嗎？
完全不會。

炒熱氣氛
我最拿手。

23 康永說：完全不必擔心問題沒深度

阿昆像很多沒耐性的男生，常常聽別人講話，聽不到五分鐘，就開始恍神，如果對方略有姿色，眼睛甚至會不由自主的飄向對方的嘴唇呀、眉毛呀、胸口呀、小腿呀，根本沒辦法專心聽對方說話。

阿昆有些男性朋友，聽別人說話時更過分，還會敷衍到連眼睛都不捨得離開電視上的球賽轉播，或者是邊打遊戲、也懶得邊假裝有在聽對方講話。如果說話的是女朋友，很容易因此而發火。

想用這麼沒誠意的方法「傾聽」女友講話？我建議你起碼要學會「適時重複對方句中的關鍵字眼」。

「我們副總有夠誇張的，直接跟祕書搞外遇耶！」關鍵字眼有這幾個：「副總」「祕書」「外遇」。

雖然你眼睛仍注視著螢光幕，但如果你能夠用眞誠的語氣接話：

「你們副總？」

或者，「跟祕書？」

或者，「外遇喔？」

那都是可以過關的接話，女友都會覺得你感興趣，會繼續往下講。

這並不費神，又不是要你捨棄球賽，關掉電腦，專注的聽她講話。你只要略分一點聽力，勉強抓到幾個比較具體的字眼，就可以交差了，何樂而不爲？

另外，有些人認爲，一直保持談話的熱度很難，我的建議是：完全不必擔心問題的深度，一律問大白話就可以！

最棒的問句，最可能激發對方繼續說下去的問句，多半是這些：「爲什麼？」「怎麼會？」「眞的喔？」「我都不知道耶？」「那怎麼辦？」「後來呢？」「原來是這樣！」

不信你試試。話題再怎麼高深，這些問句都夠用的。

「他的物理學論文根本是抄的，竟然還被表揚！」「怎麼會這樣？」

「冰島這個國家，竟然破產過！」「怎麼會這樣？」

「你知道諾貝爾獎的評選過程有多麻煩！」「眞的喔？怎麼會這樣？」

「這下好啦，美國這場仗，根本打不完啦！」「眞的喔？怎麼會這樣？」

如果你對這話題實在不感興趣，只是爲了讓談話流暢的繼續下去，那這些問句應該夠用的。

就算你很感興趣，眞心的想聽對方把來龍去脈好好的分析給你聽，這些問句，還是夠用的。

我有時在電視上，看見某些主持人，用比較高深的字眼訪問對方，得到的答案，也沒有比較好。每個說話的人，都需要從聽話的那一方收到鼓勵，才會更放開來往下說。只要你的反應是一種鼓勵，顯示了足夠的熱情，那麼不管對方是多有地位、多有深度的人，都會很受鼓舞，繼續往下說的。

你不必假裝有深度，只要懂得欣賞別人的深度，已經是一種美德了。

昨天，同事說我
每天都一樣。
所以——
要變得不同！
工作中我是焦點！
頭髮太重不能低頭，
吃麵只能用吸的……
今天的我——
吸引了所有目光！
她為什麼要做一個
便便髮型上班？
炫耀自己髮量多吧。
第二天又換了個髮型

24 康永說：

帶來驚嘆號，就會留下深刻的印象

阿昆被時尚圈的朋友拉去看服裝秀，每套衣服都好厲害，每個模特兒都好高好瘦，每個人的髮型都好誇張，看了前十套，阿昆已經麻痺了，對他這個外行人來說，就是眼花撩亂、目不暇給。再過了五分鐘，阿昆忍不住小小打了個哈欠，趕緊用節目單遮住嘴巴，以免失禮，但其實阿昆已經想出去走走，活動活動筋骨了。

就在這時，有個頂著巨大鳥窩般紅髮的女模，忽然滑了一大跤，跌倒在台上，觀眾還盡量保持鎮定，可是禍不單行，這位倒楣的女模掙扎著要爬起來、繼續走秀時，卻不幸踩到自己的裙襬，這下可好，一挺身站起來，上衣竟然因此扯落，露出了胸貼。這下觀眾實在忍不住的「嘩」了起來，只見這位女模狼狽的拉起衣服，趕快退到後台去了。

等到整場服裝秀結束，阿昆跟朋友們去吃消夜，幾個人都在聊這位滑跤出糗的女模，明明她就不是當晚最出色的模特兒，可是大家實在忍不住一直聊她，她的名字被記得了，她的臉也馬上登上了深夜的網路新聞。

現在大家對這樣的事，可能都會猜疑是「有計畫的」失誤，猜疑是「搏出位」。可是，老實說，不管是不是故意搏出位，當所有人都照本宣科的時候，誰能帶來驚嘆號，誰就會讓人留下深刻的印象，雖然未必是好印象，但似乎比起完全被忽視，還是比較好吧！

當然，這就牽涉到你犯的失誤，是不是既有效果、又無傷大雅，比方說歌唱比賽、高跟鞋的鞋跟卡在舞台的縫隙裡，但還是把歌唱完，這應該就比順利但平庸唱完歌的人，要令人印象深刻。可是如果是大破音，那雖然是很大一個驚歎號，但歌唱比賽的成績就毀了。

又比方在面試時，如果因爲很緊張，把期望月薪說錯，想講「我希望月薪能有四萬塊。」卻說成「我希望月薪能有四十萬。」面試官應該會因爲詫異，而和你多聊兩句，並且比較會記得你吧！

這種事似乎強求不得，因爲用演的必須演得很自然，可是，如果設身處地的替聽的人想一下，馬上會明白，用令人厭倦的方式說話，絕不會是優點。

設計一下自己的台詞，與其說「我是某某年從大學畢業的」，一定沒人記得住，但如果說「我畢業那年，《阿凡達》剛上映，很轟動，我們全班的畢業大頭照，都做成了藍色的納美人的樣子。」一旦你這樣說，對方一定比較記得住你何時畢業，念哪所大學、什麼科系這些事的。

我有一年主持金馬獎典禮的時候，頒獎人曾志偉爲了逗影星吳君如，還沒拆開得獎人信封，就把信封給撕了，把碎片灑在台上，直接宣布得獎人是吳君如的另一半，陳可辛導演。當時同爲頒獎人的吳君如愣住，我看看覺得這場面需要收拾一下，就從主持人所在的舞台這一端一路跑去頒獎人那一端，蹲在地上翻撿碎片，撿到一片碎紙，上面有個陳可辛導演的電影《如果愛》的「愛」字，我想一下其他入圍電影的片名都沒有「愛」字，就根據這個「愛」字，向全場確認了得獎人是陳可辛沒錯。

果然曾志偉這個豪氣又令人意外的動作，成了次日報導的重點，大家都覺得很有趣，這是娛樂界大哥的膽識，玩得好就很出眾，玩不好也可能會尷尬的。

我最近補了之前超熱門的網劇！
你現在才看啊？
我最喜歡男二啦！他真的好帥……
忍住！不能爆雷！不能打壞她的興致！
哦——
你一定看完了，告訴我一點後面的劇情吧！
啊，那我就說了……
他最後死了。

25

康永說：

交談不是有獎金的競賽，別急著搶答

阿昆的舅舅很愛聊天，可是老是記不得名字，每次舅舅在聊得起勁時，就會出現「跳針」：

「上次碰到那個女的，長得眞是像那個明星啊，就是那個……那個演那部……那部電影叫……叫什麼……就是那部、有鬼爬出來的那部……她長得眞的很像那部有鬼的那部叫什麼的電影的女主角，那個女主角叫什麼……唉呀想不起來，反正那個女的就簡直長得跟那個女的一模一樣……」

阿昆已經聽習慣了舅舅這種不知所云的發言，有幾次看舅舅想不起名字來那個痛苦的樣子，也會想幫著想一想，但十次有九次幫不上，只是增加彼此的痛苦，所以後來漸漸阿昆也就不想多忙了。

其實這時候，是說話者最願意被別人幫忙的時候。這種時候阿昆如果能替舅舅說出人名和片名，舅舅一定舒服得像是有人幫他掏出了大塊耳屎一樣。

但是，除了這樣的時刻，在其他時候，說話的人並不喜歡被別人「幫忙」。比方說，一個「正常」的說冷笑話的過程，應該是這樣的：

「在所有的卡通人物當中，誰最容易跟王菲借到錢？」

「誰啊？米老鼠嗎？」

「是櫻桃小丸子嗎？還是加菲貓？」

「不對不對，告訴你們吧：是小熊維尼！」

「為什麼？為什麼是小熊維尼？」

「你沒聽到王菲都這樣唱嗎？『我願意～～維尼，我願意～～維尼，……』，她當然最願意借錢給維尼啦！」

這個冷笑話，這樣算是順利講完，而且聽的人都很配合，隨便猜了些迪士尼或者其他動漫人物的名字，幫助了講笑話的氣氛。

如果有不識相的掃興鬼，就會在說冷笑話的人一開口時，就說：「我知道！是維尼！（接著唱）我願意維尼，我願意維尼……」那就是毀了這個笑話，讓講的人下不了台。

症狀比較輕微的，是有一路「很怕別人覺得自己不懂」的人，明明是他來問你問題，但你才說沒兩句，他就要自作聰明的幫你下結論：

「像國際的熱錢這樣忽然湧進股市，買股票的散戶就應該——」

「應該設定停損點！」他搶答。

其實你根本不是要說設定停損點的事，但爲了他的面子，你也只好多費點力，敷衍他一下，再把話拉回正軌。但這樣的事發生三次以後，說話的人就會不耐煩了，「這人根本不懂裝懂，東拉西扯的，眞麻煩！」他對你的印象，當然不可能好了。

在高手面前，裝懂是沒用的，只會自曝其短。最好就是珍惜遇到高手的機會，好好把道理聽懂。生活又不是有獎金的搶答競賽，請問你一直搶答做什麼呢？

「我不能跟你說，你就叫我『喂』就好了。」

安珮非常訝異：「爲什麼不能跟我說？」

「因爲我媽說，如果隨便和別人說自己的名字，可能會被鬼抓走！」

哇！眞是很強的家教啊！就算愛因斯坦再世，也不能證明這事絕對不會發生。

所以，如果你有這麼擔心被鬼抓走的話，我非常同意你永遠都不要隨便把你的名字告訴別人。喔，對了，還有，如果哪天你眞的被鬼抓走的時候，請務必拍下來寄給我們製作人，我們節目願意播十次。

反言之，如果並不擔心被鬼抓走的話，請你反問你自己，你有沒有主動報上名字的禮貌，如果沒有，原因是什麼？是害羞名字太老土？還是擔心說了，對方會生氣的大罵：「你幹嘛跟我說你的名字啦？」

如果眞的擔心對方位階太高，你報名字會「打擾」到對方，那我建議你起碼要做到「平等互報」，也就是說，只要對方初次見面時報了名字，你就應該也報上你的名字，即使對方是國家元首，只要她和安珮握手時說了：「你好，我是伊莉莎白一世。」安珮就應該回答：「很榮幸見到女王，我叫安珮。」

逼得對方必須補充多問一句：「請問我該如何稱呼你？」這才是麻煩對方吧。

以上說的初次見面，是在光天化日之下。那如果是在燈紅酒綠的夜店裡呢？

即使在夜店，我還是覺得報上名字是很大方的作法（除非你報的是假名，再加上給對方殯儀館的電話號碼）。不過，夜店嘛，有人醉，有人欲火焚身，有人已經玩太「嗨」，有人想報上名字卻吐得你一身，所以，夜店的初次見面，就不要強求什麼標準程序了啦。

至於類似跟網友的這種初次見面，我建議是可以發揮一點偵探的推理常識，看看對方是以什麼髮型、穿著，出現在你面前？是約在馬路邊，還是可以坐久一點的咖啡店？還是很容易找到藉口脫身的大書店？

當然對方見到你本人之後，態度可能會起變化，地點也可能轉移，但起碼你會對這個人的心態掌握得多一點，也比較好拿捏自己該表現的態度。

如果初次見面就約在會吃到油汗滿臉的羊肉爐攤位上，那我想對方應該就只是餓了。

你也就不用多想，順勢多吃一些吧。

我覺得今天我的髮型
好像不太好……
沒有啊？咦？
你這個髮飾很好看啊。
我最近睡眠不足，
所以化了點妝，
但我不太會化……
不會呀，今天的妝
很適合你！
這件衣服是新買的，
第一次穿有點害羞……
告訴我
在哪家買的！
太好看了！
繼續誇獎我，不要停！
您最美！
您最美！
您最美！

27 康永說：

讚賞時，觀察對方最渴望被認可的地方

安珮有個同事嘴超甜，需要討好對方時，再瞎的話也說得出口。上司的頭髮明明燙得像歐巴桑，他也能稱讚上司像歐洲古堡走出來的公主，老闆明明胖到電梯都快進不去，他也能說他要拜託老闆指導他怎麼健身，才能保持這麼英挺的身材。

但安珮注意到，上司或老闆被她同事這樣鬼扯式的稱讚時，常常笑得很尷尬。這些人，能夠做到上司和老闆，應該是有基本智商的人，要他們相信太離譜的讚美，有點強人所難。

要怎麼樣才能判斷出對方想聽到什麼樣的讚美呢？走進一位老師的辦公室，或者，走進一位貴婦的客廳，應該都可以發現不少線索的。

桌上相框裡或者電腦的桌面，展示著什麼樣的照片，通常是最明確的線索：如果放著他和高官巨賈的合照，那你應該可以讚美他的人脈之廣、什麼都搞得定；如果照片是他跟親愛的子女，那你自然應該問候他的寶貝子女們安好，並且盛讚他家的公子、千金們看起來好優秀好聰明之類。

東張西望就能看到的東西，當然就是對方願意讓別人看到的東西，可能也是他渴望被人提到或問起的東西。要是見不得人的東西，像情趣用品，或贓款贓物之類的，請放心，對方絕對藏得好好的。

日本出版圈的大人物見城徹，說他做編輯時，有一個絕招，就是稱讚大牌作家時，都會努力稱讚到那位作家「最渴望被人稱讚的那部分」。他說只要能做到這一點，那個大牌作家就會忘不了你。

要做到這一點嘛……推理能力就很重要了。演藝圈很多外型出色的人，整天聽別人稱讚他們漂亮，多少會聽習慣，雖然應該還是會高興（總比被別人說醜來得高興吧？），但他們做的某些事，一定有透露出他們想被稱讚的那塊、他們很缺乏自信的部分。一個大美女會去演臉爛掉的女鬼、一個話都說不清楚的偶像卻挑戰饒舌歌曲、明明是歌壇天王卻去跑馬拉松、明明是身材完美的女星卻願意爲了演老鴇增胖十五公斤……

所以說，線索其實很多，只待有心人去觀察，觀察清楚再出手，罵他或讚他，都會讓他刻骨銘心，對你「另眼相看」。

嘿，你——
他要說什麼？
向我借錢？
還是要我加班？
還是想讓我去參加他
第N個親戚的N個孩子
的生日宴會？

我只是想問你訂奶茶
要什麼口味，你怎麼
暈倒了……

28 康永說：

自問自答，站在對方的立場想

安珮週末不想值班想出去玩。她跟同事說：「週末你幫我值班好不好？」同事說：「不行耶，我有事。」安珮被打槍。

安珮開口前，爲什麼沒有先想一想？嗯，可能因爲「想一想」很麻煩，不要想比較輕鬆。可惜她享受了這三秒的輕鬆，結果她整個週末的輕鬆就泡湯了。

「週末你幫我值班好不好？」這是在交涉事情，雖然是小事，但仍是在交涉，性質跟「貴國明年起必須每年從我國購買三十架飛機」，是一樣的事。

國際貿易的談判，雙方一定會先各自演練一番，才會比較知道談判的底限要訂在哪裡。安珮如果眞的希望同事可以代替自己值班，其實也可以預先演練一下。

電影裡面，演到一個男生要第一次對一個女生開口，邀她一起出去玩時，常會出現這個男生在家裡演練的畫面，他一人分飾二角，自問自答、神經兮兮的，看電影的觀眾就笑了，這是有點好笑，但很有用，因爲透過這樣的自問自答，你正在訓練自己「站在對方的立場來想」的能力。

「週末你幫我值班好不好？下個月換我幫你。」多加這一句的人，就是有先想過對方立場的人。當然，同事可能還是會回答：「不行耶，我有事。」但起碼你不會顯得像是一個完全自我中心的討厭鬼。

如果演練之後，發現對方會有哪些招數，結果就設下陰險的陷阱，讓對方無路可退，這樣可以嗎？

「這個週末你有沒有事呀？」安珮很愉悅的問同事，害同事以爲安珮要相約一起出去玩。

「我沒事呀。」同事回答。

「那拜託你幫我值班好不好？下個月換我幫你。」

嗯，安珮大概會成功，因爲同事掉進她的陷阱了。但同事可能會不再像以前那樣，把安珮當「可能的朋友」看待，這是安珮在人際關係上付出的代價。下次如果帳目上出了小問題，同事可能會在背後捅她一刀，反正沒有要做朋友了。

但起碼以單次交涉的成敗來看，安珮是成功的找到人代班了。

被借錢借怕了的人，都會由交涉經驗中學習，如何應對別人來借錢。

「請你借我十萬。」「我的錢都交給我媽媽管耶。」

「請你借我十萬，我太太生病了。」「眞糟糕，那我借你兩萬吧，我只有兩萬能借你，我所有錢都是我媽媽在管。」

「我媽媽在管」大概是很好用的說法，足以對抗「我太太生病了」這種重量級的理由。

借到這兩萬的人，也許會因爲你用「媽媽管」的說法來搪塞，而因此借到的這兩萬就再也不還你了。人跟人之間是有一本帳，只是每個人，計算的方式不同啊。

哇……交流會好多人
我已經腿軟了！
書上說把聽眾當西瓜是行不通的，應該怎麼辦呢……西瓜不行那就……換個行得通的？
這位的發言很有魄力！
眼神也很銳利！
語速驚人！
有種餓虎撲羊的感覺！
當成雞腿也不行！負面教材！

29 康永說：

在台上，把人當西瓜就糟了

阿昆被公司指定，在員工訓練大會上，做十五分鐘的演講，台下聽講的，會有長官，還有三百名新進員工。

阿昆隱約記得，有前輩指導過：「如果上台演講會緊張，就把台下的人，都想成是一顆一顆的西瓜就好了。」

阿昆決定採用這一招，來降低自己初次在公司大會上演講的緊張。

他上台以後，一心催眠自己：「～～西瓜、台下的都是西瓜～～」結果，很不幸的，他自我催眠十秒後，一睜眼，眼神剛好和坐在第一排的總經理對上！阿昆吃了一驚，很明顯的那不是一顆西瓜，就算是西瓜，也是修練千年的西瓜，兩個眼睛瞪得比龍眼還大！這下催眠效果煙消雲散，阿昆結結巴巴、似笑非笑、要哭不哭的開始他的演講。等他終於講完，他才發現他的上司，真的變成西瓜精：臉綠綠的、綠中又透出一股壓不下去的血紅色！

演講動人的人，怎麼可能把台下的聽眾當做西瓜呢？教堂裡的牧師、競選時踩在箱子上用擴音器大聲疾呼的候選人、直銷大會的講師、學校最受歡迎的教授……誰會天真到把台下聽講的人當西瓜？

除非是愛西瓜愛到發狂的……比方說……烈日下被曬到快脫水的……猴子好了，才會對一排一排的西瓜慷慨激昂、聲淚俱下吧？

演講的人，要設身處地的以台下觀眾的立場來想，這才是演講最有用的原則。

例如：他們是被學校逼著，在寒風中站著發抖聽你演講的應屆畢業生嗎？他們是一群剛吃完中飯、昏昏欲睡的企業家嗎？是一群比較愛聽八卦、但迫於社交原因才來聽你講解《紅樓夢》的貴婦？還是一群被病痛所苦的病人？

人能夠集中精神「聽事情」的單位，每單位最多大概只有十五分鐘。也就是說，在每十五分鐘之內，對方如果能聽進去一件你要告訴他的事（只有一件喔！）剩下的十三分鐘或十二分鐘，他可以聽些不要緊的閒話、扯淡、八卦、你問我答之類的。這樣過了十五分鐘後，你可以再開始講下一件事，濃度也請繼續保持如此，每十五分鐘、試著只講清楚一件事。

而如果你是演講一小時，也不必硬邦邦的把六十分鐘除以十五分鐘，然後認定你的聽眾，就一定可以記住「四」件事。

依據我的經驗，一場演講，或者一集節目能讓人記住三件事，已經是非常好的內容了。剩下的時間，你就是逗聽眾開心，勾起他們的興趣，調查他們的星座，或者從他們之中找幾位看起來人緣很好的人，站起來和你玩些問答或猜謎。

不管他是自己花錢買票，還是被老師逼著來聽你演講。只要你體諒聽講者容易恍神，給他一些樂趣，以及兩到三樣有用的訊息，他就會覺得你是個非常好的演講者，下次還會樂意聽到你的演講。

不要任性的把別人當西瓜，當心西瓜們聯合起來把你當成南瓜啊。

乖孫女，奶奶我最近
也趕時髦玩起了那個
什麼……臉書。
嗯……現在大家
都在用呢……
你看這些，是我
最近看的文章，
我覺得很好用……
哇——
等一下要偷偷幫奶奶
清理一下不必要的……
昨天傳給你的保健
新知，你做了嗎？
我做了啦——
奶奶這麼開心，
真是太好啦！

30 康永說：

樂在其中，跟長輩「湊趣」

安珮有個朋友，雖然外型只有中等，在交男朋友這方面，卻有獨到的功夫：她很搞得定男朋友家裡的長輩。她的工作是百貨公司的專櫃小姐，她很懂得「湊趣」。

男朋友的媽媽在剝豆子，或者剝蝦仁，或者看韓劇，或者在用按摩器按摩肩膀，她都會很在乎的東問西問。有的媽媽是愛抱怨的，喜歡說：「現在爬一層樓梯就好喘」「去年的衣服，今年竟然穿起來會太緊」這些事；有的媽媽是愛教導的，喜歡說：「這種魚一定要這樣切」「我跟他們殺價的時候啊，一定會先把鈔票從皮包拿出來，拿在手上」這些事。

這些話，其實都很容易「湊趣」的啊。只要你願意，對顧客湊趣、對上司湊趣、對長輩湊趣，都不難。難只難在，你有沒有「樂在其中」而已。

我們說很會做主人，很會款待賓客的人，常常能做到「賓主盡歡」。說實話，我不太相信「賓主盡歡」這四個字。賓客玩得很盡興的時候，主人往往累得半死，哪裡還「歡」得起來？但一個稱職的主人，會覺得「賓主盡歡」，是因爲她款待客人，看到客人盡興時，她也就樂在其中，覺得很有成就感。「作爲賓」和「作爲主」的「歡」，是不同的「歡」吧。

如果一個作主人的人，懂得調整自己的心態，懂得「以賓客的樂趣爲樂趣」，那麼，一個做晚輩的人，一定也可以對他的「長輩」，調整心態，以長輩的樂趣爲樂趣。一旦調整成功，你會發現，「湊趣」的陪他們說話，即使那個內容你已經聽過了八、九遍，也還是很輕鬆就能完成的事。比起你爲了湊長官的趣，必須早上六點起床，去陪他打你並不愛的高爾夫，或者爲了湊客人的趣，必須熬夜喝酒喝到吐，這樣一比，聽重複的老故事起碼不傷身啊！

當然，對長官湊趣，也許能升官；對客戶湊趣，也許能拿到訂單。那對長輩湊趣呢？我看也未必沒有好處吧：

第一，將來長輩不在時，回想自己有陪長輩說話，會安心很多。

第二，常聽上了年紀的人講話，很有看《鐵達尼號》的效果，會覺得人生海海，不過如此，比較容易豁達。

第三，長輩故事裡，偶爾還是藏著一些人生經驗，會啓發你解決問題的靈感。

第四，說不定長輩會分你遺產哩？（喂喂！這不是好的動機啦……因爲……很可能根本沒有喔!!）

他真的不懂我……
我好傷心……他就是
一個超級無敵大壞蛋！
你說得對！他就是
個大傻瓜！
你說我的男神
是個大傻瓜？
嗚嗚嗚嗚嗚，我太傷心了！
他為什麼總是對其他人笑，
就只會嘲笑我?!
……
你為什麼不說話？
!!!
說也不行，
不說也不行……

31 康永說：

如果碰到對方要求你站在同一陣線時……

阿昆去廟裡上香的時候，跟所有去拜拜的人一樣，對著神像喃喃祈求，訴說自己的願望。

如果在阿昆喃喃祈求的時候，耳中竟然聽到神明跟他訴苦說：「唉，其實我也有好多苦衷的呀！」那阿昆該如何是好？他應該會奪門逃出廟去吧。

神明是拿來單向訴說祈求的，不是拿來聊天的。怪物是拿來單向嚇你吃掉你的，也不是拿來聊天的。如果「異形」從你同事的肚子裡爆出來，接著就自己倒杯咖啡，跟你聊起心事來：「唉，生吃人的內臟，吃久了也是會膩的，對心血管也不好……」，那你一定覺得「異形」未免也太窩囊，太不嚇人了。

喜歡經典電影《教父》的人，應該會記得馬龍．白蘭度飾演的教父，在書房內接見各方請託者時，他是背對著窗戶，窗戶從他背後透進光來，而書房很暗，於是日光在教父的背後形成光暈，進房的人，根本看不清教父臉上的表情。因爲教父本來就不能讓你知道他心裡在想什麼！教父才不跟你聊他牙疼還是白頭髮太多這些事，他必須「天威難測」。

所有這些高高在上的，類似神明、君王、老大、總裁，是不跟你談心訴苦的。反之，會跟你訴苦的，才是把你當平等的人看待的、才是願意跟你交朋友的。

你看小動物，例如幼獅、幼狼，在和同伴打打鬧鬧的時候，常常不設防的把咽喉、胸腹這些容易受傷的部位，暴露在玩伴的面前，這樣就能互相取得信任，培養家族合作獵食的默契。

如果和同學初次見面，就能嘲笑自己腰上的肥肉，嘲笑自己講話的口音，絕對比較容易交到朋友。我有時遇到開朗的原住民歌手，他們總是喜歡故意加重口音逗我，說：「我們原住民騎機車闖紅燈，被警察攔下來，我們就跟警察說：『我們是原住民啊，你不要開我罰單哪！你要教化我嘛！你要輔導我嘛！不然我再騎一次給你看……』」逗得我們這些平地人哈哈大笑，當然也會努力回贈幾個我們開車的丟臉事蹟。

但要說到距離感的話，我也遇過一些美女，家教超級好，在任何場合都從來不說一句別人的壞話。她們非常賞心悅目，但也會有不少人說，跟這類美女交不了朋友，因爲完全沒有推心置腹的感覺。

想要推心置腹嗎？這個分寸要謹愼拿捏。如果你爲了給對方推心置腹的感覺，講了其他不在場的人的壞話，你就要準備好聽你說話的對方可能會出賣你，拿你講過的話去挑撥離間。但如果你完全不講任何人任何事的壞話，可能對方又會覺得你這人很客套、很虛僞、沒眞情。

我的建議是，如果碰到對方，愛憎分明，而且要求你跟他站在同一陣線，你只能讓對方盡情宣洩他的不滿，但你要控制一下，不要忘形的加油添醋、不要爲了討好對方，就誇張的一起加入他去攻擊別人。

只要你有疏導對方的情緒，對方就比較可能把你當朋友，但你也不至於講很多不該講的話，變成日後他去搬弄是非的把柄。

對方充滿怨恨時，你寧願做無害又可愛的小丑，不要逞強當強出頭的英雄，因爲他只需要推心置腹的「感覺」，而不是生死之交。

哎呀，我跟你說，××最近送了我很大的鑽戒！
真的好漂亮，咦？這蛋糕很好吃，你要吃嗎？
然後前兩天我特地去吃了龍蝦……
哇……好厲害……你看這份也好吃……
總覺得下次我應該換個轉換話題的方法……
她都被我餵到胖得有點明顯了……

我不擅長製造話題，我擅長發呆……

32 康永說：

爛話題，就像默默的聞到有人放了一個屁

安珮被拉去一個聚會，聚會中一個貴婦滔滔不絕的在講：「我們那個設計師啊，光是一扇窗戶的窗簾布，就給我用掉三萬塊呢！我就問設計師怎麼這麼貴？他就說我們家是阿曼風格，不用這個牌子的窗簾布不行的……」呱啦呱啦呱啦……安珮用眼角餘光一掠，大家都眼神放空，有的在整理髮尾，有的在舔牙縫。

安珮正想找個空檔起身逃去別處透透氣，聚會的女主人正好飄過來，

此時貴婦正講到她新家玄關的地磚是從歐洲哪個老貴族的舊邸拆過來的，還是呱啦呱啦，女主人一看勢頭不對，當下過去摟住貴婦的肩，笑著說：「王太太本來就是最有品味，安珮呀、阿女呀，你們有沒有告訴王太太你們最近發現的那個超好用面膜呀？」

安珮和阿女抓住機會，趕快聊起了面膜，其他美眉們也都熱烈加入面膜的話題，起碼大家都用過面膜，而且大家都是從藥妝店裡買來的，可沒有誰的面膜又是從歐洲哪個老貴族的舊邸挖出來的。

聽到爛話題，就像默默的聞到有人放了一個屁一樣，既不必抓著不放，也不必追根究柢，大家面帶微笑，讓它自動消失就好。你看電視新聞的主播，前面跟後面播報的新聞有時實在連不起來，他們也就神色自若的說一句：「接下來，為您報導一則酒醉駕車的事件……」絕對不必擔心觀眾抱怨說：「你剛才還在報導歐洲下青蛙雨的事，怎麼一下又報起酒醉駕車來了？」因為人嘛，活在當下，話出如風，談話的節奏說變就變，大可不必費心的非要找一個平滑的方式，從無趣的話題「滑向」別的話題。乾淨俐落的直接轉彎就可以。

有不想多聊的話題，當然也就有不想多聊的人物，如果在聚會中，遇到了不想多聊的人，要如何不太明顯的「擺脫」對方呢？比較賤的招數是「嫁禍於人」，看到場中有適合嫁禍的目標出現，就立刻熱心的拉著這個你想擺脫的人說：「啊，那邊那位是某某公司的大紅人，你一定要認識一下！」很熱情的拉著他去拜見新的目標，是大紅人也罷，是鬼見愁也罷，反正就幫他們互相介紹認識，你就可以脫身了。

另外，也可以「用空間換取時間」，拉著你想擺脫的人，往飲料桌或食物桌邁進，嘴上不要忘記說：「今天他們準備了很棒的伏特加喔！」或者「你一定要吃吃看我帶來的布朗尼！」把人帶到桌邊後，殷勤的爲他拿些飲食，盡到了禮數，也就可以靠著「走來走去」的障眼法，漸漸擺脫對方了。

不管多麼想擺脫對方，眼睛千萬不要露出冷淡的神色，怎樣都要表現出「等一下有機會再跟你好好聊」的熱情。世事多變化，誰知人生的下一回合，這個人會扮演什麼樣的角色？就算你此刻只想躲開他，也還是可以避免樹敵，因爲敵人是最恐怖的資產，擁有越多，你死越快。

某次家庭聚會
禮物送到了，招呼也打了，我先閃人了吧……
但是找不到時機跟主人道別……
非常感謝您的邀請，我接下來還有事……
用LINE好了
謝謝大家來……
我為大家準備了甜點，大家品嘗一下再走吧……
哇！太好啦！
你剛才去哪裡啦？
去了洗手間。
也許這也是厚臉皮的一種。
比起很有存在感，我可能是離開了一個小時別人也不會發現的類型……

33

康永說：

你不是英國女王，離場不必驚動大家

安珮有個同學，長得很不錯，但也就止於「不錯」而已。她可能是受到社會風氣的影響，以爲把自己扮出「社會名媛」的氣勢來，就可以豔壓群芳，出風頭。

其實「名媛界」很嚴苛的，你念的學校是不是歐美名校、你家的企業是名門正派還是土豪劣紳、你的英文有多溜、搭配衣鞋的品味如何、剛去了哪裡旅行、你的髮型師是誰，只要願意比，項目是比不完的。

可惜安珮這位同學，只學了一點表面功夫，卻很希望在每個場合引起別人注意。這就有點麻煩。比方說，依照社交禮儀，當你抵達一個派對，只要適時找到派對的主人，讓主人知道你依約出席，這樣就夠了。如果帶了伴手禮，簡單說一聲，把伴手禮交給主人，也就夠了。

但安珮這個同學，往往一遇到主人，就巴著主人說話，說話還不夠，還要把伴手禮拿出來，解說給主人聽，說這家的蛋糕有多好吃多難買，來的路上又怎麼差點砸爛，或這瓶辣椒醬是她特別從哪個國家買回來的，瓶身的設計有多特別，海關怎麼爲了這個怪瓶子刁難她……等等的。

不用想也知道，派對的主人有多忙，她可能要應付已經到場的三十位客人，心中要牽掛還沒到場的另外六、七個客人，她要招呼大家吃的和喝的、要關心有沒有哪位客人和大家都不熟、要幫他介紹新朋友認識。她可能還要看氣氛調整音樂燈光、要接電話、要撮合某人跟某人、要提醒某人不要去問某人懷孕的事，因爲已經流產了……

如果你只是客人之一，而且並不是主客，那你最好不必巴著主人講話、也不必要主人一定細細觀賞你的伴手禮。你最好當個融入派對氣氛的好客人，大方的參與別人談話，欣賞音樂、美食，隨便談些最近看的影集，談談大家都是如何認識主人的，應該就可以快速建立你和其他客人的聯結了。

安珮這位愛當名媛的同學，並不是不知禮數，只是有時她的禮數，對別人是種負擔。很多人一定以爲依照禮數，離開一個地方時，應該和大家都說一聲再見。

但實際上，如果大夥正玩得盡興，而你卻必須先離席的話，實在不必一一去告訴每個人你要先走了，你又不是要死了，大家還會再見面，你這樣只會打擾其他人的興致，別人必須中斷自己的玩樂或談話，禮貌上假做關心的問你爲什麼要先走，無形中他們也被你提醒了時間，你就好像是一個長了腿的下課鐘一樣，噹噹噹的叫大家「該下課啦」，這對一個氣氛正熱絡的派對來說，當然很掃興。

我會建議安珮這個同學，要先離席，悄悄和主人報告一聲，特別熟的朋友再說一聲，就夠了。你要離場，不必驚動大家，你也不用和大家一一握手，這種事，留給英國女王去做就好了。

這個畫面前幾章
是不是出現過了？
嗚嗚嗚嗚嗚我好難過！
你不會懂的!!!
嗚嗚嗚我好難過啊⋯⋯
你懂嗎⋯⋯嗚嗚嗚嗚⋯⋯
你這種人一定不會懂的！
你這種人整天嘻嘻哈哈，
根本無法了解我的痛苦⋯⋯
我不懂你的痛苦！
你也不懂我的！
我知⋯⋯知道了⋯⋯
你先⋯⋯先放手⋯⋯

34 康永說：

「了解另一個人所受的苦」一個人很難

安珮一直以為自己很會安慰人。每次有朋友來找她哭訴，不管是工作上被整、還是失戀被甩，安珮都會邊聽邊安慰對方：「我懂……我懂……你真的很倒楣……你好委屈哦……我知道那種感覺……」

我真的覺得安珮算是很善良，很願意安慰人的了，但她習慣講的這個「我懂你的苦，我懂你的委屈」的話，真的能安慰人嗎？

我調查了一些朋友的反應，這些朋友當中，有一半以上的人「不領這個情」，他們當然還是會感激對方願意安慰自己的好意，但如果傷痛或憤怒非常巨大的時候，他們並不想聽到對方說「我了解你受的苦」這種話。

爲什麼？因爲他們覺得：「你根本不可能了解我所受的苦！」

我的工作，有時候必須寫劇本。寫劇本，必須揣摩劇中人遭遇事情之後的心情。如果劇中人喪子、喪偶、被宣告絕症，作爲編劇的我，都必須花很多力氣去想像當下是何感受。

我花的力氣越多，我就越知道，一個人很難「了解另一個人所受的苦」。當你自己腰痛到站不起來的時候，你眞的很難分心去想遙遠國家被水災害到餓了三天的小孩的處境。

如果不能了解，就不要這樣說，因爲當事人向你傾訴的時候，他只需要你聽，也許他也很需要你給他一點建議，但他可能不需要另一個人宣稱有別人懂他的苦。他的痛苦折磨得他快死了，他不會覺得這種痛苦是「可替代」的。你這樣講，安慰不了他。

至於另外一種，「引蛇出洞」式的訴苦，那是完全不同層次的事。

「引蛇出洞」式的訴苦，文言文叫作「乞憐」。你同學跟你說：「我頭髮燙壞了，醜死了」的時候，是在「乞憐」，你要立刻表明「不會啊，很好看啊」，一切以此類推。

我朋友的賢妻，非常在意歲月的痕跡，夫妻二人一起看奧斯卡頒獎典禮，賢妻大人看見茱莉亞．羅勃茲臉上略見皺紋，就會「引蛇出洞」式的問說：「連茱莉亞．羅勃茲看起來都有點年紀了，你看我一定也覺得是老太婆了吧？」這時，先生如果也來「我懂你受的苦」「我了解你被歲月摧殘了」，先生如果笨成這樣，用這種找死的方式還想安慰賢妻，那就等著整晚被賢妻大人用無影腳一再踢下床吧。

是好蛇，就待在洞裡，永遠別出來。

親愛的……有一件
微不足道的小事，
你能幫我嗎？
點個讚而已，
沒問題！
我最近參加了一個××比
賽，你能幫我點個讚嗎？
我等一下請你喝奶茶。
咦?!這個
我盡量……
你有其他好友吧？
能不能請他們也幫
我點讚？
你還會做行銷吧？幫我
做個企畫案推廣一下……
如果我得了第一名……

帮忙
帮忙
帮忙

像滾雪球一樣
越來越「忙」

35 康永說：

開口找人幫忙時，要「大事化小」

安珮的朋友妮可問安珮說：「爲什麼每次我找你幫我一點小忙，你都推三阻四的，可是阿女找你幫忙，你就都會幫她，爲什麼啊？我跟阿女都是你的朋友啊！不是嗎？」

安珮被妮可這樣抱怨以後，一方面很內疚，一方面卻發現，自己真的是這樣，安珮問自己，爲什麼阿女找她幫忙，她通常會答應呢？安珮回想，發現阿女每次找她幫忙時，都不像是來「求她」的，反而比較像是要邀她「一起做一件對雙方都好的事」。

阿女會說：「禮拜天我們一起來約幾個男生去跳舞，你順便把那個杰瑞約出來，我想跟他多認識一點，我這邊也幫你約一兩個不錯的，給你認識。」而妮可就不會這樣說，妮可一定是說：「安珮，你都不幫我介紹人，我要認識那個杰瑞啦，趕快幫我約啦！」聽了就黏答答的，好像安珮是妮可的保母似的。

或者，阿女被指派去拜訪一個她不熟的客戶，她想拜託比較資深的安珮陪她一起去，阿女就會說：「安珮，你跟這個客戶也很久沒見了吧，他們一定也很關心你最近在幹嘛，不如我們一起去，你也可以知道一下他們最新的計畫。」可是妮可就會把話說成這樣：「安珮，這個客戶我一點都不認識耶，好可怕喔，求求你陪我去啦，我不敢一個人去。」安珮一聽就煩，第一個念頭就是不想被拉去。

久而久之，妮可就成了一個煩人精，安珮在辦公室只想躲她，因爲她像個嬰兒，要這個要那個，而阿女卻比較像個並肩作戰的夥伴。其實呢，只是提出要求的方法不同，要安珮幫的忙是一樣的。

另外一個找人幫忙時的重點，是「大事化小」。不要一次就一股腦的把整件事丟在對方頭上，這樣「轟」一聲砸過去，對方很容易「咻」一聲就溜了。

最好是把需要對方幫忙的事，拆解成很具體的，聽了不會一下就失去耐心的、一個一個小步驟，然後先提出最小的要求，比較不會被立刻拒絕。比方說，你們店家辦了促銷活動，想找附近的店家共同參與，壯大聲勢，可以計畫第一步先去向附近的店家詢問，問說如果為這個活動印了傳單，可不可以把附近店家的店名和店址，一併印在傳單的地圖上？這種白撿到的宣傳，通常對方應該會欣然答應。這樣，等到傳單印好以後，這些附近店家也自然比較會答應在自家的收銀櫃台上擺放這份傳單，來吸引顧客目光。當然，這只是取得對方好感，使對方願意幫忙的第一步。

一旦附近店家答應讓你放傳單，接下來再答應進一步合作的可能就一定會提高，不管是需要附近店家一起播放同樣的音樂，或者店門口的車位需要協調，都比較容易得到對方的幫忙了。

美國老派挨家挨戶的推銷員，常常在按門鈴之後，主人門才開了一條縫，就以迅雷不及掩耳的速度，把腳尖卡進門縫裡，不讓主人把門關上。取得這一線生機，才比較有機會向主人進一步介紹他要推銷的產品，總比吃閉門羹要好得多了。

不過，美國是槍枝泛濫的國家，用腳卡住人家的門縫，遇到太緊張的主人，會不會給你在額頭來上一槍呢？嗯……這個……只是比喻啦，沒有眞的要你去美國把腳拿去卡別人的門縫啦……

哇，你這件衣服真帥氣！
要不要試穿？有其他款式！
咦——好像有點緊……
啪啦！
突然大拍馬屁——
天哪你的身材真的太棒了！沒想到不只是肉眼看得出來的差距！這件衣服在你身上才能展現真正的效果！你真是天生的衣架子，完全不像我!!!
真不好意思，我重買了一件。
沒事，畢竟我穿什麼都好看，哈哈哈！

36 康永說：

求饒有訣竅，讓人不原諒你都難

阿昆一直記得小時候，被媽媽訓練說：「請，謝謝，對不起」這三句話的那段日子。其中，被媽媽逼著說「對不起」時，是最討厭的了。因爲，說「謝謝」通常是有好康的事發生，哪個阿姨送糖果啦，哪個老師稱讚他聰明啦，這類的事。其次的，則是說「請」，通常也不錯：「阿姨，請你給我看一下那個玩具」「警衛叔叔，請問遊樂園開到幾點？」這類的事。可是，被逼著說「對不起」就很討厭了，扯掉了班上那個小肥妹的裙子，去喝喜酒把人家的結婚蛋糕整個撞爛在地上，拿刀片假裝自己是布袋戲偶和同學相殺……這些「小事」都被媽媽當成大事，押著阿昆去跟人家低頭說「對不起」。

這個被逼著說「對不起」的兒時記憶，在阿昆心裡留下了一點陰影，造成他長大以後，不拖到最後關頭，就是不願意跟別人說對不起，在公司也是這樣，在戀愛上也是這樣。

阿昆這個沒辦法爽快道歉的作風，給了上司很壞的印象。因爲在同一個辦公室裡，有個女生超級會道歉的，相比之下，阿昆的道歉簡直像電腦合成的那麼沒感情。

這個女生道歉的第一招，一定是先發制人，一開口就把對方捧上天：「昨天我發現我把價錢弄錯了的時候，我腦子裡面第一個想到要求救的人就是經理你了。全公司只有你最會處理我這種白痴犯的錯了。可是昨天我發現的時候，已經過了十二點了，我實在不敢打電話給經理，經理累了一整天……」

把對方說成「最體諒的」「最寬厚的」「肚量最大的」「最開得起玩笑的」等等等。

接下來，當然要極力顯示自己和對方的層次差了多遠，對方在天上，自己就在地下。對方是鳳凰，自己就是蛆，類似這種灑狗血的方式。

這樣灑狗血，其實沒什麼格調，只能偶爾用在很極端、對方只差一公分就要槍斃你、千鈞一髮的時候。要不然，我覺得比較受用的道歉方式，應該是把自己的過錯、所造成的麻煩，先在自己腦子裡過濾一下，然後，想一下可以採用的補救措施大概有哪些，接下來，就是勇敢的向對方說明自己犯了什麼錯，有多清楚這樣的錯給對方帶來多大的麻煩，添了多少困擾，然後，當然就等著挨罵啦。不過因爲你的道歉，充滿「自我反省」的理性氣氛，也許對方不會完全失控到甩你耳光的程度。對方罵到一個段落時，你再獻上你想的解決之道，讓對方感覺你不是百分之百的混蛋，雖然挨罵難免，但起碼對方不會對你這個人完全失去信任吧。

我們去健身吧！
辦了卡不用好浪費！
同事C
我今天……
不太方便啦。
為什麼？
身體不舒服嗎？
但你中午吃了很多耶。
我身體……
今天也不用加班啊。
工作……
但昨天你才說
週末沒事。
我有約……
回來。
對話裡的深意，
你能引導出來嗎？

37 康永說：只聽字面的意思就做決定，恐怕機會就跑掉了

共進晚餐之後，阿昆進一步邀安珮去看電影。

「不行耶，我一定要在十一點以前回家……」安珮說。

安珮說的這句話，字面上的意思，誰都聽得懂。但如果想要把安珮眞正的心意搞清楚，那這句話裡的線索，就是你繼續探索她心意的依據。

「是要趕回家去看影集喔？」可以這樣問，秤一秤你在她心中的分量。如果跟你約會看電影，還比不上她回家一個人看影集，那你當然就知

道自己很需要加油了。

「是媽媽規定的門禁時間喔？」也可以這樣問，一方面了解一下這個女生的生活可以自己做主的程度，一方面了解一下她的家人狀況。

「看完電影也才十二點呀，我會開車送你到家的。」也可以乾脆假設她是要趕搭末班捷運，先替她想好交通疑慮的解決之道，這樣她也就會回答你：「不是擔心錯過捷運啦，而是×××……」這類提供你更多線索的回答。

如果安珮說一定要十一點之前回家，阿昆就「喔」一聲，然後就放棄邀她續攤看電影，這樣就實在很難誇獎阿昆有「聽懂」的能力。因爲人說話，常常是「語帶保留」或者「話中有話」，你只聽字面就做決定，機會恐怕就跑掉了。

我如果問一位經理，他是否同意他們公司的某個政策，這位經理倘若回答：「我沒有被授權對這件事做回應。」我就會假設這位經理應該是不同意公司的這個政策，而且想要表達他的不滿。

如果你聽起來他是這個意思，你就可以幫他「解套」，跟他說你只是想討教他的看法，絕對不會用他的意見去質問他的上級單位，這樣也許能讓他放心發表意見。

我最佩服的小說家之一是宮部美幸，其中她寫的一個小故事，說一個被有錢人領養的十三歲小孩，有一天忽然就不再進食了，餓到昏倒，養父養母怎麼問，小孩就是不說話，只是微弱的說對不起，仍堅持不吃東西。

後來鄰居的偵探大叔來探望小孩，假裝閒聊問小孩前幾天有什麼人來家裡，小孩說有工人來整理花園，養母有叫他端茶去給工人喝。

偵探大叔聽到這裡，就猜：是不是揮汗工作的工人，一邊喝茶，一邊說了什麼風涼話，說他被有錢人領養，真好命，不用工作就吃閒飯這類的事。小孩被偵探猜中心事，默默點了頭。這下養父母才知道了小孩既不願說出心事、又不願繼續「吃閒飯」的原因了。

除了什麼都說出口的二百五之外，每個人都有不願說白了的難言之隱。可能是公司出產的奶粉品質有問題這種秘密、可能是上司收了紅包而做了違法決策這種秘密、可能是叔叔對自己毛手毛腳這種祕密……對方未必不想告訴你，但他有難言之隱，他的用字遣詞、態度、眼神，可能會洩露線索給你，這時你就要抓得住那線索，才能循線找到原因。如果你老是回答「喔，這樣喔。」很難叫聽懂，充其量，只能算是個按了把手就乖乖沖水的稱職馬桶吧。

你看你的房間天天像狗窩一樣，你自己也邋邋遢遢的……
妈
媽——你老是唸我，就不能誇獎我兩句嗎……像您這麼棒的媽媽誇獎我幾句，我就會開心兩個禮拜呢！
嗯……沒錯，雖然你也有缺點，但你工作很認真，個性也很直率。
妈
你的眼睛也很漂亮……這些都是因為——
像我。
咦？

妈

38 康永說：別人讚美你一句，你就回一句讚美

節日親戚聚會，阿昆遇到一個很不熟的表妹的丈夫這類的遠親。表妹夫為了化解不熟的場面，先開口稱讚了阿昆：「哇，阿昆表哥很帥啊！長得很像金城武！」

阿昆額頭偷偷出現三條看不見的黑線，內心不出聲的獨白著：「這個表妹夫，平常一定是個狠角色，連這種馬屁也拍得出來……我要是像金城武，無尾熊就像長頸鹿了！」

依照阿昆平常的習慣，大概就會打個哈哈，類似「哪會啊，別鬧了！」這樣的回答，就混過去了。但畢竟對方主動示好，怎樣也算是小型的「破冰之旅」呀，阿昆覺得自己也應該禮尚往來一下。阿昆看著這個很不熟的表妹夫，忽然發現這個表妹夫長得很像周杰倫，忍不住脫口而出：「我哪像金城武啊？你吧……你才像周杰倫咧！」

表妹夫很樂：「哈哈對呀，我從高中開始，就被人家說像周杰倫了！」

於是兩個人開始聊各自喜歡的歌手，氣氛熱絡了起來。

阿昆從來沒有被別人說過長得像任何明星，也眞的一點都不像金城武，但是表妹夫瞎扯的一句稱讚，卻啓發了他和對方聊天的靈感。

表妹夫爲什麼用「你長得像金城武」這句話來破冰？應該是因爲，表妹夫自己老是被別人說長得像周杰倫，但他總是不太好意思初次見面就這麼冒昧的說他自己長得像明星，所以他做了一個球給阿昆，阿昆接住了，那有來有往的對話就順利開始了。

有些名人說他們不想成爲別人茶餘飯後打發時間的話題。我當然了解這種心情，但很遺憾的，這本來就是作爲「名人」的天職，完全沒辦法切掉這一塊說「我不要」的。名人就跟天氣一樣，是社交談話中，最方便信手拈來的話題，名人另一點跟天氣一樣的，就是誰都可以罵兩句：「什麼鬼天氣！煩死了！」或者「什麼狗屁明星！醜死了！」哈哈，功能很像吧？

別人罵你一句，你回罵他一句，這叫吵架。別人讚美你一句，你回一句讚美，這就叫社交。如果別人讚美你一句，你只是很禮貌的回說「謝謝。」這樣是落落大方，也很好，不過這一招通常比較適合天下第一美女或天下第一富豪，這類人常常被讚美到麻痺了。

那如果別人罵你一句，你竟然還有辦法回他一句讚美，那會發生什麼事呢？

我眞的很少很少看到這個現象，如果眞的發生了，我想，對方會很錯愕，而你的腦袋會立刻出現一圈光環，接著被提名諾貝爾和平獎吧！

每到節日，看到這些毫無
靈魂的罐頭式祝賀訊息，
我的心靈一點都沒有受到
觸動……
嘟嘟嘟……
嘟嘟嘟……

唯一能讓我感覺到靈魂的……
一個是……電話廣告……
我司全體
祝您——

另一個是……

加班簡訊……
非常抱歉在這
個時間找你，
但是突然……

我不知道！
加班
別過來！

39 康永說：你是在鞏固友誼，還是搞得更冷漠？

耶誕夜，安珮的手機一如往年，收到上百個祝賀耶誕快樂的簡訊，這一百多個簡訊裡，卻只有三個簡訊有特別打上安珮的名字，其他的那些，很明顯的都是罐頭簡訊，安珮對罐頭簡訊實在很沒有感覺，但人在江湖，禮貌上也就回傳一則罐頭簡訊，祝福對方。（雙方都很沒感覺的事，電信業者卻大有感覺呢，簡訊營業收入一夜暴增百倍，沒感覺還是人嗎？）

先把那些不能感動安珮的罐頭簡訊放在一邊吧，試著想一下寫有安珮名字的那三則簡訊，在那個耶誕夜，會顯得多麼眞誠感人！簡直就像三塊小金磚躺在一整片黯淡的罐頭簡訊鋪成的沙漠上，是多麼的閃閃發亮啊！

在簡訊裡寫上對方的名字，以目前發簡訊的步驟來說，是有點麻煩。但這小小的麻煩，可以造成不小的差異，收到你簡訊的人，從此會把你的姓名放入腦海，在未來的某一天，當你要請安珮代爲介紹某人，或者要跟安珮打聽某件事的時候，這個簡訊所造成的差異，可能會發揮關鍵的作用。

美國有個調查，說一般人最喜歡的字，是自己姓名裡的字。我不知道這樣的調查結果是否也適合中文姓名？但只要你想一下，你瀏覽街上招牌、翻閱報紙雜誌時，會不會特別被自己姓名裡的字吸引？如果會，就表示這個調查結果原則上是成立的。

人這麼喜歡自己的名字，當別人給你寫電子郵件、跟你講電話時，如果三不五時提起你的名字，你專心而且認同的程度，都會因此大大提高！（當然你也可以用這招去對付別人，但呼喚對方名字時，請不要叫得太頻繁，不然會像在「收驚」。）

從事社會運動的高手，在爲弱勢族群爭取權益的時候，有個很重要的作法，就是讓冷漠的社會大眾，認識這個弱勢族群中的某一個人：認得他的臉、叫得出他的名，一旦做到這點，大眾就比較不會像原來那麼冷漠，比較會覺得：「我知道他啊！他受這麼大的委屈嗎？那我不能接受，我要出點力幫他爭取權益！」

這個弱勢族群也許是剛出獄的受刑人，也許是住在汙染環境裡的小孩，也許是走路兩小時才能上學的學生，反正，一旦這群人當中，有一個人在你眼中是有臉孔的、有姓名的，那他的故事就比較容易打動你，他就不再只是面目一片模糊的抽象名詞了。

同樣的，你也不能把對你來說很重要的人，當成是面目模糊的抽象名詞。同學、同事、朋友，都不會想被你當成是一個連名字都沒有、應付應付就好的抽象名詞。

下次，當你貪圖方便，想按一個鍵就發出一百則罐頭簡訊，向朋友賀節的時候，想想對方的感受，想想你這麼做眞的是在鞏固友誼嗎？還是反而把彼此關係搞得更冷漠，卻同時增加電信業者的營收？

今天是網友聚會，
大家都是第一次見面。
帶你得分。
PVP玩家
小A喜歡玩手遊。
小C不停地自拍。
大家都好漂亮。
真的是這樣呢。
我第一次來
這家店。
哈哈哈哈哈……
小D用手機跟我們對話……
但我們不是
面對面聚會嗎？

和你聊天？還是玩手機？
還是乾脆用手機聊天？

40 康永說：

黑手黨為什麼要開餐廳？從環境來推測

安珮去義大利玩，朋友帶她去一家二十四小時都營業的高級餐廳，不是速食店喔，是高級餐廳喔。安珮他們到餐廳的時候，已經是半夜兩點了，餐廳裡根本沒有客人，但是卻燈火通明，要點菜眞的也有服務生來服務，點了菜以後，廚房也眞的有廚師把菜做出來，只是服務生上菜的態度有點粗魯，廚房煮出來的菜，味道也普通，跟整個餐廳高級的裝潢不太相稱。

「看出什麼端倪了嗎？」安珮的朋友問她。

安珮搖搖頭。安珮的朋友才小聲的告訴安珮，這個餐廳是當地的黑手黨開的。反正黑手黨本來就常常要吃飯聚會，有的對吃也很內行，弄個餐廳也很合理。

但是爲什麼要開二十四小時呢？根本沒什麼客人，完全不符營業成本啊。

「因爲小弟們要隨時動員啊，沒事時就輪班在餐廳窩著，打打工、玩玩牌，有收入也好管理，有事老大叫一聲，馬上就可以趕赴現場，很機動啊。何況餐廳的帳目，也可以拿來洗黑錢。」

安珮聽完朋友解釋，很慶幸自己進餐廳後都很乖巧，沒有惹服務人員生氣。

安珮和我們很多人很像，有觀察但沒推論，這很正常，她去義大利是去玩的，沒有道理還要傷腦筋去推論。

但如果是初次跟人相遇，對談話的方向沒什麼把握，那不妨來一點觀察加推論，應該比較能抓對方向。

開跑車的人，不一定比開小貨車的人有錢，但兩者比較起來，開跑車的人，總是比較希望別人「認爲」他有錢。不但開跑車，進了咖啡廳，還要特地把跑車的車鑰匙放在咖啡桌上，那他就不只是「希望」別人以爲他有錢，而是要「確定」別人會以爲他有錢了。

這樣的人一定很浮誇嗎？也不一定，但總是比默默開小貨車，或者開跑車但默默把車鑰匙放在口袋裡的人，要虛榮一點。你做了這樣的觀察和推論之後，如果你必須取悅他，那就跟他聊跑車，讓他可以炫耀他對跑車的昂貴品味。如果你不必取悅他，那起碼你聽他講話的時候，也會比較懂他的邏輯，會懂他提到營業額多大或者人脈多廣，很有可能是比實際情況「虛榮」一點。能這樣想，你就會對他接下來提議的「大好賺錢機會」有所保留，比較不會太快上當。

如果我初次跟別人碰面，約見的地點牆上是有鏡子的，我會盡量讓對方坐在可以照鏡子的位置，這樣就可以看看對方在和你談話的過程中，是對你比較有興趣，還是對鏡子裡面自己的倒影比較有興趣。

可以提供線索的環境，眞是各式各樣：辦公室爲什麼租在這個地段？廁所貼什麼樣的標語？放到網路上的自拍照爲什麼都是右臉的照片？這些都可以告訴我們一些線索，讓我們不至於「摸黑」開始一段談話。

公司尾牙怎麼辦
才好呢……
真傷腦筋！
狼人殺一桌！王者榮耀一桌！
喝酒的一桌！吃素的一桌！
這樣大家不衝突又聊得來！
你好有經驗！
來幫我規畫
一下……
我走了。

41 康永說：炒熱氣氛，需要練習

安珮有個朋友，每次去KTV，每首歌她都要唱出聲音。是她點的歌，當然她要唱，不是她點的歌，她也要分一支麥克風去唱，就算一支麥克風都分不到，她也要用自己的喉嚨大聲的唱。她如果生在春秋戰國時代，可以用歌聲去攻城的話，肯定三個月就能靠戰功升上大將軍！

大家後來去KTV都不約這個人了，不是她唱歌不好聽，只是去KTV的人都想自己唱。去KTV的人，聽別人唱歌是在盡公民應盡之義務，這樣才能換取別人乖乖聽自己唱歌的權利。說來傷感，但誰要花錢去坐困一個小房間裡，聽另外一個老百姓練歌呢？如果有人是認眞要練唱哪首歌，那他一個人在家裡跟著音響練，也練得成，而且便宜又方便。

很明顯的，大家願意爲KTV花錢，就是不只自己要唱，還要有人聽，如果有人老是自己一個人跑去KTV訂包廂，連唱五小時，雖然唱得過癮，但一定覺得很淒涼，淒涼到送滷味進包廂的服務人員，轉身出來關上門的那一刻也會輕輕發出嘆息。

如果沒有安珮那個一唱就停不下來的討厭鬼朋友來攪局，大家輪流唱，輪流聽，氣氛就很理想。

一場氣氛理想的聊天，其實追求的是一樣的事：大家都有機會講講自己的事，也聽聽別人的事。更理想的話，快歌跟慢歌適當交錯，有好笑的話題，也有透露心事的話題，那就絕對是一次令大家難忘的聚會。

唱KTV時，如果有這麼一個人，懂得幫朋友們點歌，懂得安排歌曲的順序、懂得幫一直沒唱到歌的人插播、懂得有時選些特別搞笑或者有話題的歌給包廂裡的人聽或看。這個人也知道誰失戀要唱療傷的歌，誰一定要大吼一首髒話歌來罵他老闆，這些八面玲瓏的安排，當然會使包廂裡的氣氛讓人很盡興。

這個人自己能完全放鬆的玩樂K歌嗎？不一定，有的人就算很注意在座所有人的感受，也不會害自己完全沒玩到。有的人則會壓力太大，好像在當年會的主持人，整場下來累得半死。

我覺得為自己在乎的朋友們，偶爾創造這樣的聚會聊天，會讓大家覺得你是很溫暖、很夠意思的朋友。

至於會不會把自己搞得太操勞呢？我建議可以多練習幾次，就像煮菜很有節奏，也大概演練過的人，幾次請客之後，就能做到及時上菜，又能坐下來陪朋友吃一陣子的境界了。

但如果練習不來，也沒什麼，就讓比較有天分的人來掌握氣氛好了，就像只負責吃的人，只要懂得一直說「好吃」，不唱歌只聽歌加吃點心的人，只要在每首歌之後都用力拍手，也是很上道了。

因為和最喜歡的朋友在一起，
所以才做什麼都開心呀！

42 康永說：招待客人，別只用錢不用心

阿昆投資股票，賺了三十萬，於是他請安珮還有她的一些朋友吃大餐。因爲要在安珮這些朋友面前營造出他已是「投資界新貴」的感覺，阿昆選了城裡最貴的一家法國餐館，點了餐廳裡第三貴的酒（因爲第一貴的酒實在是太貴了），然後席間阿昆就一直提到那些他上網去查來的「白酒配白肉，紅酒配紅肉，哪一年的葡萄遇到多大的旱災，所以哪一年的葡萄酒釀出來會有一股什麼樣的味道……」這些他努力背下來的話。

安珮的朋友們都還算上道，在餐桌上都努力附和著阿昆的滔滔不絕。可能因爲努力就要用力，所以誰都沒辦法很放鬆的喝酒吃飯，加上法國菜常常盤子很大食物卻很少，散會以後，安珮和朋友們竟然又跑去吃一頓羊肉火鍋，邊吃邊嘻嘻哈哈的，免不了大家就圍著火鍋，得出了這樣一個結論：「那個阿昆眞是個囉嗦鬼呀！」

相信我，用錢不用心的招待客人，花再多錢大概就只是六十分。反過來，用心不用錢的招待客人，就算只是吃餃子或義大利麵，也很容易就會創造出一個滿分的聚會。

我知道「用心」二字被濫用得很厲害，我從看漫畫《將太的壽司》開始，就一直很期待吃到師傅「用他的心」捏給我吃的壽司，然後我可以吃一口就露出漫畫裡那種瞬間飛舞在櫻花天雨中陶醉狂喜的表情，嘿嘿，當然我味覺很遲鈍，實在常常吃不出師傅有沒有「用心」，我常常連根本沒有師傅動手的泡麵都吃得很高興。但是，味覺這麼遲鈍的我，都也能很輕易就感受到一個主人有沒有「用他的心」待客。

你關心一個人，就會找話跟他聊，讓他說話。我相信「傾訴」是人的本能，是原始人就開始依賴的生存之道。

原始人總是必須告訴夥伴們「天上閃光有時會讓樹燒起來」「那種果子吃了會吐，上次我看過」「這小孩不是我的，趕快把他丟到山洞外面去」……這些話。

「傾訴」和「餓了必須吃東西」一樣，是我們活下去的生存之道。當你關心一個人，你就會給他機會，讓他對你傾訴，而不是一味的餵他吃松露喝白酒而已。

所謂「用你的心」待客，無非就是關心你的客人，給他吃喝，但也給他機會傾訴，他要傾訴什麼，他會自己找到機會說出來，只要你整晚三不五時給他這樣的機會。

當然，不是每次待客都要這麼用心啦。如果是你根本就不關心的人，用酒把他灌醉叫他回家就收工了。但練習關心別人，而且表現出你的關心，我覺得是非常值得的，因為你生命中必須有你最在乎的人，你才會活得有滋味。而對那些你最在乎的人，你一定會關心，而且更重要的，是把你的關心表現出來，讓他們收到。

我們來夾娃娃吧！
靠運氣夾是不行的！根據我多年的經驗，要先觀察角度，才能達到最基本的……
要怎麼抓才好呢？
你看，掉下去了吧。剛才我就告訴你了，應該先觀察角度……
還要特別注意爪子的鬆緊，然後再計算……

吃顆蘋果
冷靜一下。

43 康永說：說話別像地板打蠟機，只顧磨亮地板卻沒感情

安珮每次在電視上看到分析股票的老師，或者購物頻道的專家，常常忍不住覺得他們講話有點油。

「你看到沒有？連續拉了三支漲停板！老師昨天就告訴你了，要特別注意節能減碳題材的這幾支股票……」

或者，購物頻道上：

「別家的防蟲被單，有幾家國際機構認證?!你說，有幾家?!有一家就

很不錯了！我們這一款防蟲被單呢？你看看有幾家國際權威機構的認證？我告訴你，你不要被嚇到，有三十六家！三十六家喔！」

這些人說話很有效果，能打動人心，但不可否認，是有點油。你如果是股票老師，或者購物專家，倒也不妨這樣說話，但容我提醒一句：講話時，只要使用太多「業界」的用語、流露太多「業界」的習性，一般人聽起來，都會聞到一股「不夠生活」「不夠眞心」的氣味。

婚禮上，老派的上台致詞人，愛用的「敝人今日十分榮幸……」電視記者在事發現場，對著鏡頭說：「現在就馬上來爲您做一個轉播的動作……」

還有很多莫名其妙的口頭禪：「基本上，已經下了兩小時的雨……」「死亡人數，基本上已經到達三十人這樣的數量……」「教室的門基本上是開著的」「火車票基本上是不夠的」。讀讀這些句子，或者說「進行閱讀這一個動作」，你會發現你基本上完全可以把這些莫名其妙的「基本上」拿掉，依然能清楚表達意思。

這些人對說話這麼「敷衍了事」，有各種原因：職業倦怠、沒興趣回味一下自己一天說的話、太匆忙沒空想別的說話方式，都有可能。

但這些都是藉口，都改變不了聽的人的不良感受。聽的人就是會覺得，你只是把話從嘴裡發射出來，就像清潔人員用的地板打蠟機那樣，沒感情的，一圈又一圈的磨亮了地板。

把話用你有感覺的方式講出來，不要偷懶的依賴你那個行業裡所有業界人士講話的套路，即使不流暢、多費字句，都沒關係的。

電視上的主持人，每天都在講話，如果每個主持人，都只是拷貝其他之前的主持人講話的方式，也許很方便，但那樣哪裡會跑出這麼多各式各樣的主持風格來？大家都長一個樣了，分不出來誰是誰了。

你願意接受你和其他人都沒差別這種事嗎？如果願意，那，你怎麼會在看這本書啊？基本上應該是拿錯書了吧？趕快去進行換本書這樣一個動作吧！

為了配得上男神！
我要成為更好的人！
哦──
先從減肥開始！
那今晚還要去
吃熱炒嗎？
要！
一個禮拜後……
你不是要為了
男神減肥嗎？
明天再說吧。

別這麼說嘛……
說出來也是很重要的。
你這個光說不練的……

44

康永說：傳達感情，不只要會說

安珮和阿昆，總算試著交往了。交往了兩個月以後，遇上了情人節。

「會收到什麼禮物呢？」像所有與交往對象邁向交往以來第一個情人節的女生，安珮有一點期待，也有點忐忑。

到了情人節那天，安珮拿出她要送給阿昆的禮物，是一支表面上細緻刻著阿昆名字的手錶，阿昆顯然沒看過表面竟然可以刻上名字的訂製錶，露出又驚喜又感動的表情。

輪到阿昆拿出禮物了，只見阿昆拿出來的，竟然是一個薄薄的信封。安珮有點不安：「他送我一封信？還是一張支票？」不管是哪樣，都可以算是很冒險的情人節禮物呀，如果是信，信的內容跟文筆會令人冒汗吧？如果是支票，支票的金額跟含意該怎麼看待？

安珮打開信封，很古怪，是一疊電腦列印、阿昆蓋章的「安珮專用禮券」，算一算，一共有五十二張。

「這是一年分、每個禮拜一張的禮券，只能給你用，只能用在我身上。」阿昆說。「禮券的用途彈性很大，可以叫我幫你剪一次腳趾甲，叫我幫你買一次消夜，叫我一次不跟你回嘴，叫我一次陪你看哭哭啼啼的韓劇……」

安珮很感動，抱住了阿昆。

這確實是個好的情人節禮物，因為裡面有很多心意。你若是常常說話的人，就會發現，如果你講了「具體的事」而不是講「抽象的道理」，聽的人比較愛聽，也比較聽得懂、記得住。

「永遠愛你」很抽象，因爲「永遠」是什麼，大家都沒見過。「愛你到海枯石爛」比較具體，但「海枯石爛」其實大家也沒見過，聽了還是沒什麼感覺。「白頭偕老」就具體多了，上了年紀的伴侶，牽著手過街，很溫暖的感覺。「五十二張禮券，一個禮拜用一張」，非常具體，一聽就很甜蜜。

說話，無非是表達自己、打動別人。爲什麼口才流利的人，有時候一點都不討人喜歡？可能是因爲他們講話很空洞，只在乎自己說得爽，從來不在乎聽的人是什麼感受。聽的人，如果對你有「掌握不住」的感覺，那你的山盟海誓、夸夸其談，都只是空洞的聲音而已。想要「言之有物」的人，最好能想想那個所謂的「物」是什麼？才會抓得準自己該說多少話，在什麼時候說，說完了以後要做什麼。說得多，或者一直說，都比不上說得準，有做到。

人跟人溝通常有障礙，有時候對方就是跟你不同世界，怎樣說都說不通，那也就只能盡力而爲，人生本來就是這樣子，嘗試得越多，才越可能完成。

如果地球上只剩下你一個人，那你就用不著語言了，你愛怎麼學狗叫學豬叫都沒差了。

本來就是爲了讓你能和別人連結，語言才存在的。可惜這麼多人只顧自己使用語言，卻不在乎別人了。我覺得語言最美的時候，就是我們透過語言、感受到彼此互相需要的時候。

靠語言確認了彼此的存在，此時語言最美。

Eurasian Publishing Group
圓神出版事業機構
用心與你對話・視野無限寬廣
如何出版社
Solutions Publishing

www.booklife.com.tw　　reader@mail.eurasian.com.tw

Happy Learning 186

蔡康永的說話之道（500萬冊紀念版）

作　　者／蔡康永
插　　畫／酚酞瓜
發 行 人／簡志忠
出 版 者／如何出版社有限公司
地　　址／台北市南京東路四段50號6樓之1
電　　話／（02）2579-6600・2579-8800・2570-3939
傳　　真／（02）2579-0338・2577-3220・2570-3636
總 編 輯／陳秋月
主　　編／柳怡如
專案企畫／賴真真
責任編輯／柳怡如
校　　對／蔡康永・柳怡如・張雅慧
美術編輯／劉鳳剛
行銷企畫／詹怡慧・曾宜婷
印務統籌／劉鳳剛・高榮祥
監　　印／高榮祥
排　　版／杜易蓉
經 銷 商／叩應股份有限公司
郵撥帳號／ 18707239
法律顧問／圓神出版事業機構法律顧問　蕭雄淋律師
印　　刷／龍岡數位文化股份有限公司

第一版　2010年5月初版　計74刷
第二版　2014年8月初版　計97刷
最新版　2020年9月初版
　　　　2024年7月　36刷

定價 360元　　ISBN 978-986-136-556-5

語言本來就是為了讓你能和別人連結才存在的，

可惜許多人只顧自己使用語言，卻不在乎別人了。

我覺得語言最美的時候，就是我們透過語言、感受到彼此互相需要的時候。

透過說話，懂得把別人放在心上，這就是我的說話之道。

——《蔡康永的說話之道》

國家圖書館出版品預行編目資料

蔡康永的說話之道 500萬冊紀念版 / 蔡康永 文；酚酞瓜 圖. -- 初版 -- 臺北市：如何，2020.09
224 面；14.8×20.8公分 --（Happy learning；186）

ISBN 978-986-136-556-5（平裝）
1. 說話藝術　2. 口才

192.32　109010682